JN412250

쉽게 배우는 문답식

사도행전

The Acts of the Apostles

쉽게 배우는 문답식
사 도 행 전

초판 1쇄 | 2007년 8월 20일

저 자 | 김찬종
발행처 | 도서출판 소망
발행인 | 방주석

주소 | 서울 서대문구 충정로 2가 사조빌딩 403호
전화 | 02-392-4232
팩스 | 02-392-4231

출판등록 | 제11-17호(1977. 5. 11)

ISBN 89-7510-028-4 03230

땅 끝까지 나아가는 복음의 거침없는 행진을 따라가 보라!

쉽게 배우는 문답식

사도행전

The Acts of the Apostles

김찬종 지음

도서출판 소망

서문

할렐루야!

먼저 하나님께 영광을 올립니다. 부족한 종이 금번에 「쉽게 배우는 문답식 사도행전」을 편집하여 발간하였습니다.

저는 성경에서 사도행전을 제일 좋아합니다. 성령의 은사를 체험하고 보니 사도행전의 역사는 계속된다는 사실을 깨달았습니다. 그래서 사도행전을 본문으로 하여 설교를 가장 많이 하게 되었습니다.

이 책은 사도행전을 문답식으로 쉽게 공부할 수 있도록 편집을 해보았습니다. 구역공과나 성경공부 교재로 사용할 수 있도록 만든 책입니다. 많이 이용하셔서 말씀이 부족한 한국교회에 도움이 되기를 바랍니다. 이 책은 본 교회 기획실장 안광현 집사가 편집에 수고를 하였습니다. 감사를 드립니다.

이 책도 과천교회 29년의 목회에 아론과 훌 같이 도와주는 과천교회 장로님들께 드립니다. 또한 늘 제 곁에서 묵묵히 기도로 내조하는 아내와 세 아들과 함께 하고 싶습니다.

사도행전은 지금도 계속 진행된다는 사실을 확신합니다. 그러기에 현재의 한국교회가 세계가 주목할 만큼 성장하였고, 과천교회도 여기까지 발전하여 온 줄로 믿습니다.

이 책을 읽는 모든 분들에게 사도행전에 나타난 성령 충만의 역사가 이루어지기를 기원합니다. 샬롬!

김찬종목사 올림

서문

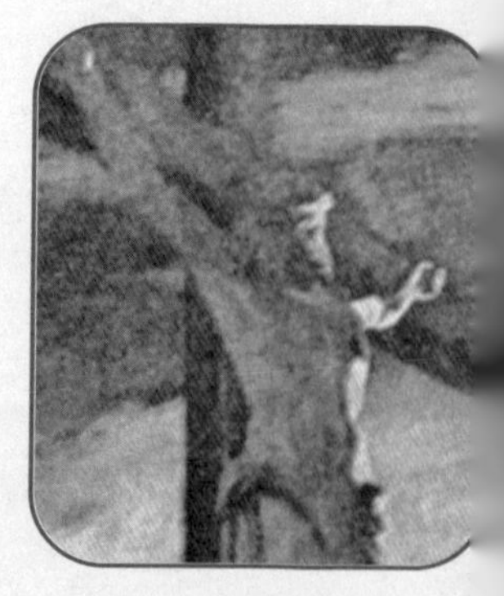

제 1 과

내 증인이 되리라

■ 찬송 : 263, 268장
■ 성경본문 : 행 1:1~11

 오늘의 말씀(행 1:7~9)

7가라사대 때와 기한은 아버지께서 자기의 권한에 두셨으니 너
희의 알 바 아니요 8오직 성령이 너희에게 임하시면 너희가 권
능을 받고 예루살렘과 온 유대와 사마리아와 땅 끝까지 이르러
내 증인이 되리라 하시니라 9이 말씀을 마치시고 저희 보는 데
서 올리워 가시니 구름이 저를 가리워 보이지 않게 하더라

사도행전은 A.D. 2세기경에 붙여진 이름으로 누가가 기록한 책입니다(주후 62년 경). 사도행전은 '사도들의 행전' (Acts of Apostles)인데, 모든 사도들에 대한 기록이 아니라 일부가 기록된 것입니다. 사도행전은 사도들의 역사를 기록한 내용이지만 그 배후에서 전적으로 역사하신 분은 성령님이십니다. 그러기에 사도행전을 '성령행전' 이라고 부를 수 있습니다. 비록 사도행전은 28장으로 끝나는 미완성의 역사이지만, 성령의 역사는 지금도 계속되므로 지금도 계속 진행되는 역사라고 말할 수 있습니다.

1. 서언 (1:1~5)

1절에 나오는 "내가 먼저 쓴 글"은 무엇입니까?

사도행전 처음에 나오는 "데오빌로"라는 이름을 통해 누가의 첫 번째 저서인 누가복음을 떠올릴 수 있습니다(눅 1:3). 그러므로 본문에 "먼저 쓴 글"은 누가복음을 가리킵니다. 수신자인 데오빌로라는 인물의 신원(身元)에 대해서는 자세히 알려진 것이 없습니다.

저자가 먼저 쓴 책(누가복음)에는 어떤 내용을 기록하기 위해서 저술했습니까?

데오빌로여 내가 먼저 쓴 글에는 무릇 예수의 행하시며 가르치시기를 시작하심부터 그의 택하신 사도들에게 성령으로 명하시고 승천하신 날까지의 일을 기록하였노라(1~2절).

… 저자는 누가복음의 서문(눅 1:1-4)에서 ① 우리 중에 이루어진 사실(즉 예수의 사건) ② 처음 목격자들이 전함 ③ 많은 붓을 든 사람들이 처음 목격한 자들이 전한 것을 듣고 기록함 ④ 그 모든 일을 근원부터 자세히 미루어 살피고 복음서를 기록했다고 하였습니다. 그 후 이제 우리들이 공부할 사도행전에서는 예수님이 승천하신 후의 일들을 기록하고 있습니다.

예수께서 자신이 부활한 사실을 제자들에게 확증시키기 위해서 많은 증거를 보여주고 있습니다.

해 받으신 후에 또한 저희에게 확실한 많은 증거로 친히 사심을 나타내사 사십일 동안 저희에게 보이시며 하나님 나라의 일을 말씀하시니라(3절).

예수 그리스도의 부활은 기독교에 있어서 가장 중심이 되는 사건입니다. 어떤 종교에서도 흉내를 낼 수가 없습니다. 이 부활의 사건은 예수께서 죽음을 이기시고 승리하신 것을 의미하며 지금도 그 분이 살아 계시다는 것을 뜻하는 것입니다.

부활하신 예수님이 제자들에게 분부하시고 약속하신 사실은 무엇입니까?

사도와 같이 모이사 저희에게 분부하여 가라사대 예루살렘을 떠나지 말고 내게 들은바 아버지의 약속하신 것을 기다리라 요한은 물로 세례를 베풀었으나 너희는 몇 날이 못 되어 성령으로 세례를 받으리라 하셨느니라(4~5절).

바로 예루살렘을 떠나지 말고 기다리면 성령으로 세례를 받으리라는 약속이었습니다.

2. 예수의 승천 (1:6~11)

예수님의 분부에 제자들은 어떤 질문을 던졌으며, 왜 그랬다고 생각했습니까?

주께서 이스라엘 나라를 회복하심이 이때니이까 하니(6절, 참조: 요 18:36).

제자들은 하나님 나라에 대해서 세상적으로(이스라엘의 정치적 독립) 기대하거나 너무 성급하게 기다렸습니다. 이들은 증인으로서 복음을 땅 끝까지 전하기 위하여 치르는 값비싼 대가보다는 황홀한 하나님 나라의 행복에 대해서만 관심이 있었던 것입니다.

이러한 제자들의 질문에 예수님은 어떻게 대답하셨습니까?

가라사대 때와 기한은 아버지께서 자기의 권한에 두셨으니 너희의 알바 아니요 오직 성령이 너희에게 임하시면 너희가 권능을 받고 예루살렘과 온 유대와 사마리아와 땅 끝까지 이르러 내 증인이 되리라 하시니라(7~8절).

이 말씀을 마치시고 예수님은 승천하십니다. 예수님이 승천하신 모습은 어떠했으며(9~10절), 예수님의 승천을 통해서 하나님께서 우리에게 소망을 주는 엄청난 약속은 무엇입니까?(11절).

> 이 말씀을 마치시고 저희 보는데서 올리워 가시니 구름이 저를 가리워 보이지 않게 하더라 올라가실 때에 제자들이 자세히 하늘을 쳐다보고 있는 데 흰옷 입은 두 사람이 저희 곁에 서서 가로되 갈릴리 사람들아 어찌하여 서서 하늘을 쳐다보느냐 너희 가운데서 하늘로 올리우신 이 예수는 하늘로 가심을 본 그대로 오시리라 하였느니라(9~11절).

마치는 말

예수님이 승천하시는 모습을 읽으면서 약속하신 대로 재림하실 주님을 맞이할 때 누리게 될 기쁨과 영광이 얼마나 좋은지 조금이나마 짐작할 수 있습니다. 이러한 소망이나 기대감이 없다면 예수 그리스도의 재림에 대한 신앙이 없는 것입니다. 또한 올바른 그리스도인은 시한부 종말론 자들처럼 하늘만 바라볼 것이 아니라 우리 곁에서 죽어 가는 영혼을 위해 예수님이 맡기신 사명을 감당해야 합니다. 성령을 받고 능력을 받아 예수님이 재림하실 때까지 충성스럽게 복음을 전해야 합니다.

나의 삶에 적용

1) 사도행전 1장 8절을 외우십시오.

그리고 '내 증인이 되라' 고 명령한 것이 아니라 "내 증인이 되리라" 고 한 의미가 무엇인지 이야기해보십시오.

2) 우리가 가져야 할 부활과 재림에 대한 신앙에 대하여 이야기 해보십시오.

제 2 과

다락방 기도와 맛디아 선택

■ 찬　송 : 480, 482장
■ 성경본문 : 행 1:12~26

오늘의 말씀 〈행 1:14~16〉

14여자들과 예수의 모친 마리아와 예수의 아우들로 더불어 마음
을 같이하여 전혀 기도에 힘쓰니라 15모인 무리의 수가 한 일백
이십 명이나 되더라 그때에 베드로가 그 형제 가운데 일어서서
가로되 16형제들아 성령이 다윗의 입을 의탁하사 예수 잡는 자
들을 지로(指路)한 유다를 가리켜 미리 말씀하신 성경이 응하였
으니 마땅하도다.

예수님이 승천하신 후 제자들은 예루살렘으로 돌아와 그들이 유하던 다락에서 마음을 같이하여 기도했습니다. 그때에 베드로가 가룟 유다를 대신할 사도를 뽑자고 제안했습니다. 사도가 될 사람의 자격은 세례 요한 때부터 항상 예수님을 따르던 사람으로서 부활의 증인이 될 사람이었습니다. 모든 사람이 그에 동의하여 요셉과 맛디아를 후보로 선출하였고, 둘 중에서 제비뽑아 맛디아가 사도로 선출되었습니다.

1. 다락방 기도 (1:12~15)

감람원이라 하는 산에서 예루살렘에 돌아와 다락에 모인 열한 제자들은 누구이며, 그들은 무엇을 했습니까?

> 들어가 저희 유하는 다락에 올라가니 베드로, 요한, 야고보, 안드레와 빌립, 도마와 바돌로매, 마태와 및 알패오의 아들 야고보, 셀롯인 시몬, 야고보의 아들 유다가 다 거기 있어 여자들과 예수의 모친 마리아와 예수의 아우들로 더불어 마음을 같이하여 전혀 기도에 힘쓰니라(13~14절).

열한 제자들과 여자들과 예수의 어머니와 형제들은 함께 모여 오로지 기도에 힘썼습니다. 예수를 믿지 않던 형제들이 언제부터 믿게 되었는지는 성경에 정확한 기록이 없습니다. 아마도 십자가에 달려 죽으시던 현장을 보고 큰 충격을 받았을 것이며, 부활하셨다는 사실을 듣고 주저 없이 믿음의 사람이 되었을 것입니다.

다락에 모인 무리의 수는 약 120명이나 되었습니다. 그들은 왜 흩어지지 않고 모였다고 생각하십니까?

> 여자들과 예수의 모친 마리아와 예수의 아우들로 더불어 마음을 같이하여 전혀 기도에 힘쓰니라 모인 무리의 수가 한 일백 이십 명이나 되더라 그 때에 베드로가 그 형제 가운데 일어서서 가로되 (14~15절).

2. 유다의 최후 (1:16~19)

베드로가 비어있는 12번째 사도 자리를 채울 수 있는 사람을 뽑아야 한다는 의견을 내놓으면서 말한 내용은 무엇입니까?

> 형제들아 성령이 다윗의 입을 의탁하사 예수 잡는 자들을 지로한 유다를 가리켜 미리 말씀하신 성경이 응하였으니 마땅하도다 이 사람이 본래 우리 수 가운데 참예하여 이 직무의 한 부분을 맡았던 자라 이 사람이 불의의 삯으로 밭을 사고 후에 몸이 곤두박질하여 배가 터져 창자가 다 흘러나온지라 이 일이 예루살렘에 사는 모든 사람에게 알게 되어 본 방언에 그 밭을 이르되 아겔다마라 하니 이는 피밭이라는 뜻이라 시편에 기록하였으되 그의 거처로 황폐하게 하시며 거기 거하는 자가 없게 하소서 하였고 또 일렀으되 그 직분을 타인이 취하게 하소서 하였도다(16~20절).

… 지로(指路)한 ~ (가리킬 指, 길 路) 앞잡이 노릇하는.

은 삼십에 예수님을 판 가룟 유다는 양심의 가책을 느끼고 자살하였으며, 그가 죽기 전에 성전에 맡긴 은 삼십은 피밭을 구입하는데 사용 되었습니다. 이처럼 가룟 유다는 사도로서의 직분을 망각한 채 자신의 의무를 감당치 못했으며 예수님을 배신하므로 죽음에 이르게 되었습니다. 그러므로 예수님의 제자인 우리 성도들은 자신의 의무, 즉 교육, 선교, 이웃사랑과 봉사를 통하여 날마다 예수님을 닮아가는 삶을 살아가야 됩니다.

불의의 재물을 취하였다가 멸망한 가룟 유다를 보면 배울 점과 교훈이 있습니다.

3. 맛디아 선택 (1:20~26)

예수님의 열두 제자에 들 수 있는 사도의 자격은 무엇입니까?

> 이러하므로 요한의 세례로부터 우리 가운데서 올리워 가신 날까지 주 예수께서 우리 가운데 출입하실 때에 항상 우리와 함께 다니던 사람 중에 하나를 세워 우리로 더불어 예수의 부활하심을 증거할 사람이 되게 하여야 하리라 하거늘(21~22절).

"예수께서 우리 가운데 출입하실 때에 항상 우리와 함께 다니던 사람 중에"라고 하였습니다.

예수님의 12제자에 들 수 있는 사도의 자격은 매우 엄격했고 독특한 면이 있었습니다. 그러기 때문에 예수님이 임명하신 사람들 외에는 아무도 그 직책을 가질 수 없었고, 사도 바울조차도 열두 사도에 들지 못했습니다.

예수님을 배신하고 죽은 가룟 유다를 대신해서 열두 사도에 뽑힌 사람은 맛디아였는데 어떤 방법으로 뽑혔습니까?

> 저희가 두 사람을 천하니 하나는 바사바라고도 하고 별명은 유스도라고 하는 요셉이요 하나는 맛디아라 저희가 기도하여 가로되 뭇사람의 마음을 아시는 주여 이 두 사람 중에 누가 주의 택하신 바 되어 봉사와 및 사도의 직무를 대신할 자를 보이시옵소서 유다는 이를 버리옵고 제 곳으로 갔나이다 하고 제비 뽑아 맛디아를 얻으니 저가 열한 사도의 수에 가입하니라 (23~26절).

모든 사람들이 추천한 두 사람 중에서 제비를 뽑아 맛디아를 선택한 것은 온 교회의 의견이 반영되었다는 뜻입니다. 초대교회는 아주 민주적이었고, 최종 선택을 할 때에는 인간의 의견을 배제하고 하나님께 맡기기 위해 제비를 뽑았습니다. 이렇게 특정인의 독단에 의해서가 아니라 모든 교인의 의견이 존중되면서도 하나님께 맡기는 자세로 사도를 뽑은 것은 오늘날 우리에게 귀한 교훈이 됩니다.

마치는 말

우리는 교회에서 뽑혀 하나님을 섬기고 봉사하는 것도 존중해야 하지만 혹시나 교회에서 뽑히지 않았다고 해도 섭섭하게 생각하거나 실망할 필요는 없습니다. 하나님께서 필요로 하실 때 언제든지 하나님의 부르심 속에 하나님 나라를 위해 위대한 사역을 할 수 있기 때문입니다. 또한 교회에서 직분을 받았다고 해서 교만하여서도 안 됩니다. 인간의 잘난 모습을 보고 직분을 주신 것이 아니라 하나님 나라의 확장을 위해 필요한 부분이 있어서 그 의무를 감당하라는 의미로 직분을 맡기신 것입니다. 중요한 것은 예수님의 제자들처럼 기도하면서 준비하고 기다리는 자세가 필요하다는 것입니다. 하나님께서 필요로 할 때 언제든지 사용될 수 있는 도구가 되도록 준비하는 것입니다.

나의 삶에 적용

1) 마음을 같이하여 전혀 기도에 힘썼던 제자들의 모습과 우리의 기도하는 자세를 비교해보십시오.

2) 열두 번째 제자를 세우는 초대교회의 모습과 현재 교회에서 일꾼을 세우는 현상에 대해서 다른 점과 느낀 점이 있다면 이야기해보십시오.

제 3 과

성령강림

■ 찬　송 : 169, 172장
■ 성경본문 : 행 2:1~13

오늘의 말씀 〈행 2:1~4〉

1오순절 날이 이미 이르매 저희가 다 같이 한 곳에 모였더니 2홀
연히 하늘로부터 급하고 강한 바람 같은 소리가 있어 저희 앉
은 온 집에 가득하며 3불의 혀같이 갈라지는 것이 저희에게 보
여 각 사람 위에 임하여 있더니 4저희가 다 성령의 충만함을 받
고 성령이 말하게 하심을 따라 다른 방언으로 말하기를 시작하
니라.

예수님이 승천하신 지 약 10일 후에 성령께서 강림하셨습니다. 이 오순절의 성령강림 사건은 역사적인 사건이었고, 이후로부터 성령께서는 이 세상 끝날까지 교회를 떠나지 않고 성도와 함께 계십니다. 예수 그리스도를 영접하는 모든 사람들에게 차별 없이 그 마음에 임하셔서 떠나지 않으십니다. 모든 사람들이 성령의 은혜시대에 살게 된 것입니다. 이 얼마나 놀라운 복입니까?

1. 오순절의 성령강림 (2:1~4)

제자들은 예수님께서 성령을 보내시겠다는 약속을 믿고 오순절 절기에 어떻게 하고 있었습니까?

> 오순절 날이 이미 이르매 저희가 다 같이 한 곳에 모였더니(1절).

오순절(펜테코스트)은 헬라어로 50번째 날이라는 말입니다. 유월절 이튿날인 안식일 다음 날부터 7주간이 지난 날(7×7=49일)이 지나고 50일째가 되어 '오순절(펜테코스트)' 이라고 하는 것입니다. 이 날은 그해 처음 익은 보리를 수확하여 제사를 드리는 절기로 맥추절이나 칠칠절이라고도 합니다. 그러나 지금은 성령강림절로 지키는 것이 의미가 더 큽니다. 이 날은 예수님이 부활한 후 50일째 되는 날이었으므로 제자들은 주님의 부활을 기념하기 위해 한 자리에 모인 것입니다.

성령이 임하실 때 나타났던 것들은 무엇입니까?

사도행전 2장 3절을 보면, 홀연히 하늘로부터 급하고 강한 바람 같은 소리가 나고 불의 혀 같이 갈라지는 것이 나타났습니다. 여기서 "홀연히"라는 말은 '갑자기'의 뜻이며 또한 바람과 불은 성령을 상징합니다. 즉 바람과 함께 혀 모양의 불꽃같은 성령이 임하신 것입니다.

합심 기도하던 120명 모두가 받은 '성령 충만'이란 일회적인 성령세례(요 3:5)와 구별되는 것으로 전인격 속에 성령이 내재하여 그의 인도하심 따라 살아가는 상태입니다.

2. 방언의 은사 (1:5~13)

성령의 충만함을 받은 사람들에게 "성령이 말하게 하심에 따라 다른 방언으로 말하기를 시작했다"(4절)고 기록하고 있습니다. 여기서 '방언'이라는 것은 그것을 전혀 배우지도 않고 또 통역자의 도움도 없이 듣는 자들이 자기 나라의 말로 이해 할 수 있는 언어를 가리킵니다(8절). 이러한 성령강림 사건으로 말미암아 복음은 언어와 지역의 장벽을 넘어서게 되었습니다. 오순절 사건 후에 교회가 탄생하였고, 처음부터 복음전파의 목적은 세계를 향한 것이었습니다.

그들은 어떤 종류의 방언을 했습니까?

우리는 바대인과 메대 인과 엘람 인과 또 메소보다미아, 유대와 가바도기아, 본도와 아시아, 브루기아와 밤빌리아 ,애굽과 및 구레네에 가까운 리비야 여러 지방에 사는 사람들과 로마로부터 온 나그네 곧 유대인과 유대교에 들어 온 사람들과 그레데인과 아라비아인들이라 우리가 다 우리의 각 방언으로 하나님의 큰일을 말함을 듣는도다 하고(9~11절).

오순절에 제자들이 한 방언은 당시 지중해 연안 지역의 말이었습니다. 그것은 요즘 우리가 알고 있는 방언이 아니었습니다. 그들의 방언은 예수 그리스도가 부활하신 것을 큰 소리로 외치는 복음이요, 그 일을 노래하는 찬양이었습니다. 그러므로 그들이 소란스럽게 떠들어서 사람들이 달려오게 한 것은 하나님의 특별하신 뜻이 있었던 것입니다.

제자들이 방언을 받고 하나님의 큰일을 말하는 모습을 보고는 어떤 조롱과 비방이 있었습니까?

또 어떤 이들은 조롱하여 가로되 저희가 새 술이 취하였다 하더라(13절).

마치는 말

오순절에 성령이 임하고 제자들이 방언을 하자 많은 사람들이 놀라고 신기하게 생각합니다. 그러나 일부 사람들은 제자들이 술에 취해 주정하는 것이라고 비난하기도 했습니다. 이것은 자기가 하나님의 역사를 받아들이기 어려우면 쉽게 배척하고, 말도 안 되는 이유를 들어 비난하는 모습을 보여주는 것입니다. 성령의 역사를 모르면서 함부로 비방하고 훼방하는 것은 무서운 죄가 됩니다.

우리도 하나님의 일을 하면서 이해나 납득이 잘 되지 않을 경우가 있더라도 함부로 말하지 말고 기다리는 자세가 필요합니다. 그 일이 확실히 성령께서 주장하시는 일이라면 어떻게 하시겠습니까? 크게 책망 받는 일이 될 수도 있음을 반드시 기억해야 합니다.

나의 삶에 적용

1) 당신은 성령 충만하기 위해 어떻게 노력하고 계십니까?

2) 당신은 혹시 성령 충만한 사람들을 비방한 경우는 없었습니까?

제 4 과

베드로의 설교

■ 찬 송 : 331, 338장
■ 성경본문 : 행 2:14~36

오늘의 말씀 〈행 2:17~19〉

17하나님이 가라사대 말세에 내가 내 영으로 모든 육체에게 부
어 주리니 너희의 자녀들은 예언할 것이요 너희의 젊은이들은
환상을 보고 너희의 늙은이들은 꿈을 꾸리라 18그때에 내가 내
영으로 내 남종과 여종들에게 부어 주리니 저희가 예언할 것이
요 19또 내가 위로 하늘에서는 기사와 아래로 땅에서는 징조를
베풀리니 곧 피와 불과 연기로다.

다락방에 모였던 제자들이 성령의 충만함을 받고 방언으로 하나님의 큰일을 찬송하는 모습을 보고는 비웃고 조롱하는 자들이 있었습니다. 그때 베드로가 일어나 담대히 외치기 시작했습니다. 그의 설교는 성령께서 무엇을 세상에 전하기를 원하시는가를 정확히 보여준 복음의 표본이었습니다. 그가 말씀 전하는 것을 본 유대인들은 예전의 베드로와는 전혀 다르다는 것을 알았습니다. 베드로를 통해서 성령을 충만히 받은 사람의 변화된 모습과 성령의 능력을 알 수 있습니다.

1. 요엘의 예언에 관한 베드로의 설교 (2:14~24)

새 술에 취했다고 조롱한 사람들에게 베드로는 어떻게 이야기합니까?

> 베드로가 열 한 사도와 같이 서서 소리를 높여 가로되 유대인들과 예루살렘에 사는 모든 사람들아 이 일을 너희로 알게 할 것이니 내 말에 귀를 기울이라 때가 제 삼시니 너희 생각과 같이 이 사람들이 취한 것이 아니라(14~15절).

유대 시간으로 3시는 우리 시간으로는 오전 9시입니다. 유대 나라에서는 이렇게 이른 시간부터 술을 입에 대는 사람이 없다는 것은 누구나 알고 있는 상식이었습니다. 비방하던 사람들은 전혀 상식에 맞지 않는 악의적인 행동을 한 것입니다.

선지자 요엘은 브두엘의 아들로서(욜:1~1) 그의 이름은 '여호와는 하나님이시라' 는 뜻을 가지고 있습니다. 요엘서의 저자이기도 하며, 장차 이스라엘 백성들에게 성령이 임할 것을 예언하기도 했습니다(욜 2:28~29).

요엘 선지자의 세상 종말에 관한 예언의 인용 내용은 무엇입니까?

> 또 내가 위로 하늘에서는 기사와 아래로 땅에서는 징조를 베풀리니 곧 피와 불과 연기로다 주의 크고 영화로운 날이 이르기 전에 해가 변하여 어두워지고 달이 변하여 피가 되리라 누구든지 주의 이름을 부르는 자는 구원을 얻으리라 하였느니라(19~21절).

베드로는 성령이 모든 믿는 자에게 임하시는 때를 말세라고 했습니다. 말세는 구원을 받아야 할 때이기에 하나님께서는 남녀노소, 빈부귀천을 따지지 않고 모든 육체에게 성령을 아낌없이 부어주시는 것입니다. 요엘 선지자는 성령 강림과 세상 종말을 나란히 비교한 것입니다.

구원을 받는 자는 어떤 사람들입니까?

> 누구든지 주의 이름을 부르는 자는 구원을 얻으리라 하였느니라(21절).

2. 다윗의 예언에 대한 베드로의 설교 (2:25~36)

다윗이 메시야에 대해 예언한 내용은 무엇입니까?

> 다윗이 저를 가리켜 가로되 내가 항상 내 앞에 계신 주를 뵈웠음이여 나로 요동치 않게 하기 위하여 그가 내 우편에 계시도다 이러므로 내 마음이 기뻐하였고 내 입술도 즐거워하였으며 육체는 희망에 거하리니(25~26절).

그것은 주께서 생명의 길, 즉 부활의 소망을 다윗 자신에게 보여주셨다는 것입니다. 다시 말하면 다윗은 주께서 부활하실 것이라는 사실을 확신하였기 때문에 자기의 영혼이 음부에서 썩지 않고 주 앞에서 기쁨을 얻게 될 줄로 믿었던 것입니다. 이와 같이 주님의 부활을 확신하는 자들은 자신의 부활도 확신하게 되는 것입니다(요 5:25, 6:40; 고전 15:22; 살전 4:16).

마치는 말

의미도 없는 예언이나 꿈은 잘못된 길로 가게 만들 수도 있습니다. 성령을 받은 자는 예언하고 꿈을 꾸고 환상을 보는 일이 일어난다고 했습니다. 이것은 주의 재림과 함께 완성될 하나님 나라를 확장시키기 위해 증거하는 복음이 바로 예언이며, 그 하나님 나라의 영광을 가슴에 품고 비전을 세우고 일을 하는 것이 꿈이요 환상입니다. 그러므로 복음을 전하는 것이 예언입니다. 하나님 나라의 영광을 기다리며 소망하는 것이 꿈이요 환상이라고 할 수 있습니다.

나의 삶에 적용

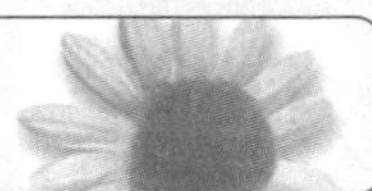

1) 당신은 예수님의 증인으로 살아가고 있습니까?

2) 이 시간 구원을 받아야 할 사람을 정하고 기도하십시오.

제 5 과

초대 예루살렘 교회의 모습

■ 찬　　송 : 278장
■ 성경본문 : 행 2:37~47

오늘의 말씀 〈행 2:44~47〉

44믿는 사람이 다함께 있어 모든 물건을 서로 통용하고 45또 재
산과 소유를 팔아 각 사람의 필요를 따라 나눠주고 46날마다 마
음을 같이 하여 성전에 모이기를 힘쓰고 집에서 떡을 떼며 기
쁨과 순전한 마음으로 음식을 먹고 47하나님을 찬미하며 또 온
백성에게 칭송을 받으니 주께서 구원받는 사람을 날마다 더하
게 하시니라

베드로의 설교를 들은 많은 사람들이 마음에 찔려 어떻게 해야 하는지 물었습니다. 그때 베드로는 회개하고 예수 그리스도의 이름으로 세례를 받으라고 했습니다. 그러면 죄 사함과 성령을 받을 것이며, 구원의 삶을 살게 될 것이라고 했습니다. 베드로의 한 번 설교를 들은 사람들이 그날에 3,000명이나 세례를 받고 구원을 받게 되었습니다. 성령의 능력을 입고 외친 베드로의 설교는 역사상 가장 위대한 기적을 일으킨 것입니다.

1. 설교의 결과 (2:37~42)

예수가 살아나셨다는 베드로의 설교를 듣고 죄책감에 사로잡힌 사람들은 어떻게 반응했습니까?

> 저희가 이 말을 듣고 마음에 찔려 베드로와 다른 사도들에게 물어 가로되 형제들아 우리가 어찌 할꼬 하거늘(37절).

마음에 찔려서 "어떻게 하면 좋습니까?" 하고 묻는 많은 사람들은 베드로의 웅변에 감동된 것이 아닙니다. 그들은 성령의 능력에 거꾸러진 것입니다.

이들의 질문에 대한 베드로의 대답은 무엇입니까?

> 베드로가 가로되 너희가 회개하여 각각 예수 그리스도의 이름으로 세례를 받고 죄 사함을 얻으라 그리하면 성령을 선물로

받으리니(38절).

*회개(헬: 메타노이아)는 ① 잘못을 뉘우치고, ② 즉시 잘못된 길에서 떠나 돌아오는 것입니다. 예수를 등지고 있던 사람이 예수께로 얼굴을 향하는 180도 방향 전환입니다.

"예수 그리스도의 이름으로 세례를 받는다."는 것은 세례를 받을 때 예수 그리스도의 이름을 힘입어 예수님의 죽음과 부활에 연합한다는 의미가 있습니다. 여기서 회개하고 예수 그리스도의 이름으로 세례를 받고 죄 사함을 얻으면 성령을 선물로 받는다는 이 약속은, 현재 여기에 모인 사람들과 또 흩어져 사는 유대인들(디아스포라)이나 이방 사람들에게도 허락되었습니다. 이 약속은 시간적으로 영원하며, 공간적으로는 국경과 민족을 초월하여 전 세계에 미치는 것입니다.

베드로의 설교를 듣고 제자가 된 사람은 얼마나 되었으며, 저들은 어떻게 행동했습니까?

> 그 말을 받는 사람들은 세례를 받으매 이 날에 제자의 수가 삼천이나 더하더라 저희가 사도의 가르침을 받아 서로 교제하며 떡을 떼며 기도하기를 전혀 힘쓰니라(41~42절).

베드로의 설교를 듣고 세례를 받고 제자가 된 사람은 3,000명이나 되었으며, 그들의 삶은 가르치고, 교제하며, 떡을 떼며, 기도

하였습니다. 초대교회의 이러한 4가지 요소는 성도들로 하여금 공동체의식 속에서 신앙을 성숙하게 하며 이웃을 도울 수 있는 소지를 마련해 주셨습니다.

2. 교회의 탄생과 초대교회의 생활 (2:43~47)

베드로 설교 후 큰 역사가 있고 나서 또한 어떤 일이 있었습니까?

> 사람마다 두려워하는데 사도들로 인하여 기사와 표적이 많이 나타나니 믿는 사람이 다 함께 있어 모든 물건을 서로 통용하고 또 재산과 소유를 팔아 각 사람의 필요를 따라 나눠주고 날마다 마음을 같이 하여 성전에 모이기를 힘쓰고 집에서 떡을 떼며 기쁨과 순전한 마음으로 음식을 먹고 하나님을 찬미하며 또 온 백성에게 칭송을 받으니 주께서 구원받는 사람을 날마다 더하게 하시니라(43~47절).

초대 예루살렘 교회에 일어난 일들을 생각해 봅시다. 초대 예루살렘 교회에서 일어난 일들을 보면 함께 모여 자신이 가진 재산을 공동소유로 하여 어려운 이웃을 도와주었습니다(44~45절). 또한 그들은 마음을 같이하여 성전에 모이기를 힘쓰고 집에서 떡을 떼며 기쁨과 순전한 마음으로 음식을 먹고 하나님을 찬미하며 또 온 백성에게 칭송을 받았습니다. 이와 같이 초대교회 성도들은 하나님께 영광을 돌렸을 뿐만 아니라 주변에 있는 모든 사람들과 불신자들에게도 인정을 받았던 것입니다(46~47절).

요즘 크리스천들에 대한 불신자들의 평가는 “말만 잘 한다”, “이기적이다”, “위선적이다”라는 것입니다. 그러나 초대 예루살렘 교회는 믿지 않는 사람들로부터 칭송을 받았다고 했습니다. 칭찬을 들었던 그들의 삶 자체를 통해 전도가 이루어지고, 구원받는 자들이 날마다 늘어갔습니다.

그런데 현대의 크리스천들이 왜 칭찬을 듣지 못합니까? 교회에 다니고 싶은 사람들이 혹시 우리들 때문에 교회에 다니고 싶은 생각이 없어지는, 걸림돌이 되지는 않았는지 깊이 생각해보아야 합니다.

마치는 말

초대 예루살렘 교회의 제자들과 성도들을 보고 많은 사람들이 두려워했고, 기사와 표적이 일어났습니다. 두려워한다는 것은 공포가 아니라 존경심과 공경에서 나온 두려움입니다. 기사와 표적이 나타나자 예루살렘의 사람들은 제자들에게 경외심을 더욱 가지게 되었습니다. 하나님을 두려워하게 된 것입니다. 교회가 바로 서니까 칭찬을 받고, 복음이 전파되고, 구원받는 사람들이 더욱 많아지게 된 것입니다.

나의 삶에 적용

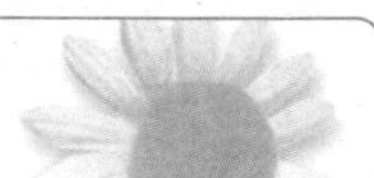

1) 초대 예루살렘 교회 교인들에게서 배울 점은 무엇입니까?

2) 초대 예루살렘 교회 성도들과 당신의 삶은 어떤 차이가 있습니까?

제 6 과

앉은뱅이의 치유

■ 찬　　송 : 528장
■ 성경본문 : 행 3:1~26

오늘의 말씀 〈행 3:5~8〉

5그가 저희에게 무엇을 얻을까 하여 바라보거늘 6베드로가 가로
되 은과 금은 내게 없거니와 내게 있는 것으로 네게 주노니 곧
나사렛 예수 그리스도의 이름으로 걸으라 하고 7오른손을 잡아
일으키니 발과 발목이 곧 힘을 얻고 8뛰어 서서 걸으며 그들과
함께 성전으로 들어가면서 걷기도 하고 뛰기도 하며 하나님을
찬미하니

오늘 본문은 나면서부터 앉은뱅이였던 남자가 나사렛 예수 그리스도의 이름으로 고침을 받고 하나님을 찬송하면서 성전으로 뛰면서 들어갔다는 이야기입니다. 이 기적의 사건은 대단한 이적으로서의 의미도 있지만 초대 예루살렘 교회에 엄청난 영향을 주었습니다. 수천 명의 무리가 교회로 몰려왔습니다. 예수 그리스도의 이름이 가지고 있는 능력이 얼마나 위대한지를 본문에 나오는 사건을 통해 알 수 있습니다.

1. 앉은뱅이 치료 (3:1~11)

베드로와 요한은 어디로, 무엇을 하러 가고 있었습니까?

제 구 시 기도 시간에 베드로와 요한이 성전에 올라갈쌔(1절).

유대인들의 정해진 기도시간은 제 삼시, 육시, 구시, 하루 세 번이었는데 우리 시간으로는 오전 9시, 12시, 오후 3시입니다. 제 구시는 그날의 마지막 기도 시간으로 저녁 기도를 드리기 위해 성전을 찾는 시간입니다. 예수를 믿은 베드로와 요한은 종교의식이 필요 없게 되었지만 아름다운 경건의 습관은 소중히 여겼습니다. 우리에게 습관적인 기도생활과 예배 참석이 얼마나 중요한지를 가르쳐주는 내용입니다.

앉은뱅이가 미문에서 구걸을 하면서 베드로와 요한에게 무엇을 요구하였습니까?

그가 베드로와 요한이 성전에 들어 가려함을 보고 구걸하거늘 (3절).

… 미문(美門)은 '아름다운 문' 으로 높이가 75피트(약 23m) 폭이 60피트(약 18m)나 되는 거대한 문입니다. 이 문은 고린도 산 놋쇠(황동)로 만들고 금과 은으로 두껍게 입힌 웅장한 문으로 이방인의 뜰에서 유대여인의 뜰로 들어가는 문이었습니다. '고린도의 문' 혹은 노랗게 번쩍거리는 문이라고 '황금의 문' 이라고도 불렀습니다.

베드로는 어떻게 대답하였고, 행동했습니까?

베드로가 요한으로 더불어 주목하여 가로되 우리를 보라 하니 그가 저희에게 무엇을 얻을까 하여 바라보거늘 베드로가 가로되 은과 금은 내게 없거니와 내게 있는 것으로 네게 주노니 곧 나사렛 예수 그리스도의 이름으로 걸으라 하고 오른손을 잡아 일으키니 발과 발목이 곧 힘을 얻고(4~7절).

"주목하여 가로되 우리를 보라"는 말은 '집중적으로 주시하라', '하나님의 은혜를 받으라' 는 뜻으로 한 말입니다. 그 다음 베드로는 "은과 금은 내게 없거니와 나사렛 예수 그리스도의 이름으로 걸어라"고 명령하면서 그의 손을 잡아 일으키니 치유되는 기적이 일어났습니다. 앉은뱅이는 자기에게 관심을 보여준 베드로와 요한에게 물질에만 관심이 집중되어 있었지만 그래도 명령에 순종하여 그를 바라보았습니다. 순종한 앉은뱅이에게 베드로는 놀라운 축복의 음성을 들려주게 된 것입니다.

앉은뱅이는 걸을 수 있게 된 후에 어떤 행동을 하였으며, 백성들의 반응은 어떠했습니까?

> 뛰어 서서 걸으며 그들과 함께 성전으로 들어가면서 걷기도 하고 뛰기도 하며 하나님을 찬미하니 모든 백성이 그 걷는 것과 및 하나님을 찬미함을 보고 그 본래 성전 미문에 앉아 구걸하던 사람인줄 알고 그의 당한 일을 인하여 심히 기이히 여기며 놀라니라 나은 사람이 베드로와 요한을 붙잡으니 모든 백성이 크게 놀라며 달려 나아가 솔로몬의 행각이라 칭하는 행각에 모이거늘(8~11절).

일어나라는 베드로의 명령에 복종한 그는 걷기도 하고 뛰기도 하며 하나님을 찬미했습니다. 멸시와 천대 속에서 살아가던 그가 예수 그리스도의 이름으로 새로운 인생을 출발하게 되었습니다. 이 광경을 목격한 백성들은 크게 놀랐습니다. 그리고 그들은 베드로와 요한의 주변에 몰려들었습니다.

2. 베드로의 솔로몬 행각 설교 (3:12~26)

이 이적을 통해서 예수님의 권세가 어떻게 드러나고 있으며, 회개하고 돌이키면 어떤 일이 생깁니까?

> 그 이름을 믿으므로 그 이름이 너희 보고 아는 이 사람을 성하게 하였나니 예수로 말미암아 난 믿음이 너희 모든 사람 앞에서 이같이 완전히 낫게 하였느니라 … 그러므로 너희가 회개하고 돌이켜 너희 죄 없이 함을 받으라 이같이 하면 유쾌하게 되는 날이 주 앞으로부터 이를 것이요(16, 19절).

… "유쾌함을 얻는다."(19절)는 말의 원래의 의미는 사형수의 형 집행이 연기되는 것을 가리키는 말이었습니다.

베드로는 두 번째 설교 가운데 예수님에 대한 증거를 세 가지로 제시하였습니다. 먼저 베드로는 예수 그리스도께서 죽음에서 부활하신 것 자체가 이적의 실체임을 증거하였습니다(12~17절). 그다음 모든 영혼의 구속자이신 예수님을 증거하였습니다. 마지막으로 모든 예언을 성취하신 예수님을 증거했습니다(22~26절). 이와 같이 베드로는 두 번째 설교를 통하여 메시아 되신 예수님과 부활이요 생명 되신 예수님을 증거하였습니다.

마치는 말

베드로는 자기의 능력이나 경건으로 앉은뱅이를 일으킨 것이 아니라 오직 예수 그리스도의 이름으로 일으켰다고 밝혔습니다. 예수의 이름은 모든 권세를 가지고 있고, 모든 이름 위에 뛰어나시기에 능력이 있습니다. 이 사건을 통하여 예수 이름이 크게 전파되는 전도의 기회를 얻었습니다. 사도들과 믿음의 선조들은 예수 이름 앞에 맞설 대적이 없다고 확신하고, 예수 이름을 자랑하며 의지하고 살았습니다.

…『중세의 대표적 신학자 토마스 아퀴나스가 어느 날 교황 이노센트 2세를 방문했을 때 마침 교황은 탁자에 가득한 돈을 세고 있었습니다. 교황은 아퀴나스를 보자마자 희색을 띠며 "토마스! '더 이상 은과 금은 내게 없다' 는 소리를 안 해도 좋게 되었소." 라고 말했습니다. 그러자 아퀴나스는 "사실입니다. 그러나 이제는 교회가 '나사렛 예수의 이름으로 일어나 걸어라!' 고 하는 명령을 할 수 없게 되었습니다." 고 대답했다고 합니다.』

메 모

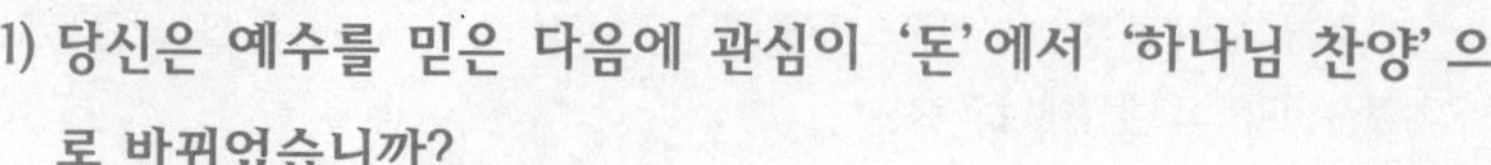

나의 삶에 적용

1) 당신은 예수를 믿은 다음에 관심이 '돈'에서 '하나님 찬양'으로 바뀌었습니까?

2) 베드로처럼 아픈 곳을 찌르는 설교를 들었을 때, 당신은 어떻게 반응합니까?

제 7 과

초대 예루살렘 교회의 핍박

■ 찬　송 : 363, 383장
■ 성경본문 : 행 4:1~22

오늘의 말씀 〈행 4:10~12〉

10너희와 모든 이스라엘 백성들은 알라 너희가 십자가에 못 박
고 하나님이 죽은 자 가운데서 살리신 나사렛 예수 그리스도의
이름으로 이 사람이 건강하게 되어 너희 앞에 섰느니라. 11이 예
수는 너희 건축자들의 버린 돌로서 집 모퉁이의 머릿돌이 되었
느니라. 12다른 이로서는 구원을 얻을 수 없나니 천하 인간에 구
원을 얻을 만한 다른 이름을 우리에게 주신 일이 없음이니라
하였더라.

베드로와 요한이 나면서 앉은뱅이 된 사람을 일으킨 이적은 예루살렘에 있던 종교지도자들에게 엄청난 파장을 일으켰습니다. 이 사건을 그대로 두고 넘어가기에는 너무 위험하다고 판단하였습니다. 그래서 두 사도를 옥에 가두고 유대에서 가장 악명 높은 산헤드린 공회를 소집하여 재판을 열기로 하였습니다. 사도들이 예수의 이름을 다시는 말하지 못하게 하고, 전도하지 못하도록 기를 꺾겠다는 의도였습니다.

1. 체포된 베드로와 요한 (4:1~4)

베드로와 요한을 체포한 자들은 누구였습니까?

> 사도들이 백성에게 말할 때에 제사장들과 성전 맡은 자와 사두개인들이 이르러 백성을 가르침과 예수를 들어 죽은 자 가운데서 부활하는 도 전함을 싫어하여 저희를 잡으매 날이 이미 저문고로 이튿날까지 가두었으나(1~3절).

사도들이 복음을 전할 때 제사장들과 성전 맡은 자와 사두개인들이 와서 체포하였습니다. '사두개인' 은 당시 유대의 귀족계급이었고, 동족을 착취하는 로마정권의 앞잡이였으며, 산헤드린 공회의 회원들 대부분이 '사두개인' 이었습니다. 이들은 천사와 부활을 부정하였습니다. '성전 맡은 자' 는 성전 수비대장을 가리키는데 대제사장 가문에 속하였고, 성전 문제에 관하여는 대제사장 다음 가는 높은 관리였습니다.

사도들이 복음을 전하자 어떤 기적이 일어났습니까?

말씀을 들은 사람 중에 믿는 자가 많으니 남자의 수가 약 오천이나 되었더라(4절).

베드로의 설교를 듣고 믿은 사람이 많았는데 '남자의 수가 약 오천이나' 되었습니다. 이렇게 하나님의 교회는 확장되어 나갔으며, 어떤 외부의 압력에도 하나님의 나라를 확장케 하는 성령의 역사는 계속되었습니다.

2. 심문받는 베드로의 지혜로운 변증 (4:5~12)

사도들을 심문한 자들은 누구이며, 무엇을 질문했습니까?

이튿날에 관원과 장로와 서기관들이 예루살렘에 모였는데 대제사장 안나스와 가야바와 요한과 알렉산더와 및 대제사장의 문중이 다 참예하여 사도들을 가운데 세우고 묻되 너희가 무슨 권세와 뉘 이름으로 이 일을 행하였느냐(5~7절).

대제사장 안나스와 가야바, 그리고 대제사장 가문에 속한 사람들이 심문하였으며(5~6절), "너희가 무슨 권세와 뉘 이름으로 이 일을 행하였느냐"고 질문 했습니다(7절).

이것에 대해서 베드로는 무엇이라고 대답을 했습니까?

이에 베드로가 성령이 충만하여 가로되 백성의 관원과 장로들아 만일 병인에게 행한 착한 일에 대하여 이 사람이 어떻게 구원을 얻었느냐고 오늘 우리에게 질문하면 너희와 모든 이스라엘 백성들은 알라 너희가 십자가에 못 박고 하나님이 죽은 자 가운데서 살리신 나사렛예수 그리스도의 이름으로 이 사람이 건강하게 되어 너희 앞에 섰느니라. 이 예수는 너희 건축자들의 버린 돌로서 집 모퉁이의 머릿돌이 되었느니라. 다른 이로서는 구원을 얻을 수 없나니 천하 인간에 구원을 얻을만한 다른 이름을 우리에게 주신 일이 없음이니라 하였더라(8~12절).

성령이 충만해진 베드로는(8절) 자신의 이적이 선한 일이며, 범죄가 아니라는 점(9절)과 이것이야말로 죽었다가 부활하신 예수님의 능력으로 되어진 것(10절)임을 주지 시켰습니다. 아울러 예수님께서 배척 받은 것은 구약성경에 이미 예언(시 118:22)된 것이며(11절), 구원은 오직 예수님만을 통해서만(12절) 가능하다는 것을 강조하였습니다. 이와 같이 성령 충만한 베드로는 세상 권세 앞에서 주눅 들지 않고 오히려 강하고 담대하게 복음을 증거하였습니다.

3. 석방된 베드로와 요한 (4:13~22)

공회원들은 성령이 충만한 베드로의 논리정연하고 당당한 대답을 듣고 어떻게 반응합니까?

저희가 베드로와 요한이 기탄없이 말함을 보고 그 본래 학문 없는 범인으로 알았다가 이상히 여기며 또 그 전에 예수와 함께 있던 줄도 알고 또 병 나은 사람이 그들과 함께 섰는 것을 보고 힐난할 말이 없는지라 명하여 공회에서 나가라 하고 서로 의논하여 가로되 이 사람들을 어떻게 할꼬 저희로 인하여 유명한 표적 나타난 것이 예루살렘에 사는 모든 사람에게 알려졌으니 우리도 부인할 수 없는지라(13~16절).

공회원들은 사도들의 능변과 기탄없이 말하는 모습에 당황하였습니다(13절). 또한 사도들의 증거를 부인할 수 없었습니다(14절). 왜냐하면 그 이적이 사실임을 입증하는 증거 곧 병 고침을 받은 사람이 공회 안에 있었기 때문입니다.

"기탄없이 말했다"의 헬라어의 원뜻은 '담대하게 말했다' 입니다. 또한 공회원들이 제자들을 가리켜 "학문 없는 범인"이라고 한 것은 제자들이 무식자라는 말이 아니라, 제도적인 공식 교육을 받지 못한 평신도라는 뜻으로 말한 것입니다.

유대 지도자들이 어떤 수단과 방법을 사용해서라도 반드시 막아보려고 했던 것은 무엇이며, 그들은 어떻게 했습니까?

이것이 민간에 더 퍼지지 못하게 저희를 위협하여 이 후에는 이 이름으로 아무 사람에게도 말하지 말게 하자 하고 그들을 불러 경계하여 도무지 예수의 이름으로 말하지도 말고 가르치지도 말라 하니(17~18절).

공회에서 예수님의 이름을 전파하지 말라고 경고하자, 베드로와 요한은 어떻게 대답했습니까?

베드로와 요한이 대답하여 가로되 하나님 앞에서 너희 말 듣는 것이 하나님 말씀 듣는 것보다 옳은가 판단하라 우리는 보고

들은 것을 말하지 아니할 수 없다 하니(19~20절).

"하나님 앞에서 너희 말 듣는 것이 하나님 말씀 듣는 것보다 옳은가 판단하라 우리는 보고 들은 것을 말하지 아니할 수 없다"라고 말했습니다. 이와 같이 베드로와 요한은 공회원들의 위협에 굴복하지 아니하고 담대하게 자신들의 입장을 표방하였습니다.

마치는 말

불신자들이 보기에 기독교와 다른 종교 사이에는 별로 다른 점이 없다고 합니다. 어떤 사람들은 기독교가 너무 배타적이고 독선적이라고 비판도 합니다. 그들은 사람들마다 자기가 가진 종교를 믿고 구원을 얻을 수 있다고 하면서, 예수를 믿어야 한다며 전도하는 것은 남의 신앙에 대한 지나친 간섭이라고 주장합니다. 그러나 우리 크리스천들은 베드로가 본문에서 말한 것처럼 오직 예수 그리스도만이 유일한 구원자임을 증거할 수 있어야 합니다. 왜냐하면 천하 인간에 구원을 얻게 하실 분은 오직 예수 그리스도 한 분뿐이기 때문입니다(행 4:12).

오늘 본문을 통해서 교회의 전도와 선교에 대한 중요한 세 가지 요소를 알 수 있습니다. ① 담대함이 있어야 합니다. 성령의 은혜 속에 담대히 복음을 전할 때 반대를 이겨내고 복음을 선포할 수 있는 것입니다. ② 하나님의 권능으로 사역한 증거가 있어야 합니다. 성령의 권능으로 기적을 일으키고, 세상의 악한 세력을 이기는 것은 전도를 하는 데 중요한 증거가 됩니다. ③ 예수님의 제자라는 사실을 보여주어야 합니다. 예수님의 위대성은 모든 사람들이 알고 있기 때문에 우리가 예수님의 참 제자라는 것을 사람들에게 인식시킨다면 전도에 큰 유익을 얻게 됩니다.

나의 삶에 적용

1) 사도행전 4장 12절을 기록하고 그 뜻을 서로 이야기해보십시오.

2) 예수님의 제자로서 복음을 전할 수 있도록 성령 충만 받기 위해 기도하십시오.

제 8 과

핍박을 이긴 교회의 기도

■ 찬 송 : 169, 172장
■ 성경본문 : 행 4:23~37

오늘의 말씀 〈행 4:29~31〉

29주여 이제도 저희의 위협함을 하감하옵시고 또 종들로 하여금
담대히 하나님의 말씀을 전하게 하여 주옵시며 30손을 내밀어
병을 낫게 하옵시고 표적과 기사가 거룩한 종 예수의 이름으로
이루어지게 하옵소서 하더라 31빌기를 다하매 모인 곳이 진동하
더니 무리가 다 성령이 충만하여 담대히 하나님의 말씀을 전하
니라.

석방되자 그들은 즉시 기도의 동류들이 모여 있는 다락방으로 가서 그 동안의 일들을 자세히 보고했습니다. 사도들이 당한 핍박과 놓임을 당한 이야기는 예루살렘 교회가 다시 한 번 은혜를 체험하고 부흥하는 계기가 되었습니다. 제사장들과 성전 맡은 자와 사두개인들은 교회를 핍박하려고 했으나 오히려 교회를 부흥시키는 역할을 하고 말았던 것입니다. 핍박이 심하면 심할수록 교회는 더욱 부흥하고, 예수 그리스도의 복음은 더욱 널리 전파된다는 사실을 보여줍니다.

1. 감사와 찬양의 기도 (4:23~31)

두 사도는 석방되자 무엇을 하였습니까?

> 사도들이 놓이매 그 동류에게 가서 제사장들과 장로들의 말을 다 고하니(23절).

베드로와 요한은 공회에서 석방된 후 즉시 동류 곧 믿음의 동료들에게 갔습니다. 그리고 두 사도는 동류들에게 제사장들과 장로들의 말을 다 고했습니다. 그들은 임박한 박해를 예견하면서 당황하지 않고 더욱 담대한 신앙으로 무장하고 피차 격려할 것을 당부하였습니다.

두 사도의 석방은 교회가 세상 권세와 싸워 이겼다는 것을 의미합니다. 여기에 나오는 "동류"란 단어는 '자기 사람들' 이라는 뜻으로 초대교회의 특별한 지도자 몇 명만 가리키는 것이 아니라 교회 전체를 가리키는 것입니다.

사도의 보고를 받은 예루살렘 교회의 지도자들은 어떤 반응을 보였습니까?

저희가 듣고 일심으로 하나님께 소리를 높여 가로되 대주재여 천지와 바다와 그 가운데 만유를 지은 이시요(24절).

일심으로 소리를 높여 기도 했습니다. 다시 말해서 그들은 마음을 같이해서 열심히 뜨겁게 기도했습니다. 우리 성도들은 성경에 나타난 믿음의 선배들의 모습처럼 외부의 핍박이나 내부의 갈등을 기도로 해결하는 아름다운 신앙의 모습을 본받아야 할 것입니다.

초대 예루살렘 교회의 첫 기도내용이 본문 24절부터 28절까지입니다. 어떻게 구성되어 있습니까?

베드로와 요한의 이야기를 들은 믿음의 형제들은 합심하여 기도 하였는데 그 기도는 다음과 같이 구성되어 있습니다.

첫째, 이사야 37:16~20의 히스기야 기도에서 인용한 하나님께 대한 찬미가 포함되어 있습니다(24절).

둘째, 시편 2:1~2의 인용(25, 26절)과 여기서 인용된 시편 말씀의 견지에서 본 예수님의 고난에 대한 언급이 포함되어 있습니다(27, 28절).

마지막으로 자기들이 처한 상황에서 하나님이 능력주실 것을 비는 간구가 포함되어 있습니다(29, 30절).

초대교회 성도들의 기도는 압제와 핍박을 하는 자들로부터 하루 빨리 벗어나게 해달라는 소극적인 기도가 아니라 복음을 전하기 위해 받는 고난을 피하기보다 이기도록 해달라는 적극적인 기도였습니다. "핍박을 물리쳐 주세요. 그러면 전도하겠습니다."라는 기도가 아니라 "어떤 핍박이라도 이길 수 있는 능력을 주셔서 더 담대히 전도하게 하옵소서."라고 기도해야 한다는 것을 가르쳐 주는 것입니다.

기도가 끝난 후 어떤 응답이 있었습니까?

> 빌기를 다하매 모인 곳이 진동하더니 무리가 다 성령이 충만하여 담대히 하나님의 말씀을 전하니라(31절).

일심으로 하나님께 기도했던 초대교회 성도들은 3가지 방법으로 응답 받았습니다. 먼저, 모인 곳이 진동하였습니다. 외적 현상으로 지진이 일어났는데 이 지진은 하나님의 임재에 대한 증거요, 기도가 응답된 증거였습니다. 둘째, 오순절 성령강림 때(2:1~4)와 같이 또 다시 내적인 성령 충만을 체험하였습니다. 셋째, 담대히 하나님의 말씀을 전하였습니다.

2. 초대교회의 선한 연합의 생활 (4:32~37)

예루살렘 교회 성도들은 전도에만 관심이 있었던 것이 아닙니다. 교회 안에서 도움이 필요한 자들에게 사랑을 나누었습니다. 어떻게 했습니까?

> 믿는 무리가 한 마음과 한 뜻이 되어 모든 물건을 서로 통용하고 제 재물을 조금이라도 제 것이라 하는 이가 하나도 없더라 사도들이 큰 권능으로 주 예수의 부활을 증거하니 무리가 큰 은혜를 얻어 그 중에 핍절한 사람이 없으니 이는 밭과 집 있는 자는 팔아 그 판 것의 값을 가져다가 사도들의 발 앞에 두매 저희가 각 사람의 필요를 따라 나눠줌이러라(32~35절).

박해를 선동한 사람들의 기대와는 반대로 초대교회 성도들은 신앙적 및 물질적으로 서로 연합하게 되었습니다. 그들은 비록 나이가 다르고 성격이 다르며 환경이 달랐지만 서로 연합하였습니다.

성령을 받은 예루살렘 교회의 성도들은 한 마음과 한 뜻으로 인색함이 없이 모든 물건을 서로 공유했습니다. 이것은 사도들이 큰 권능으로 주 예수의 부활을 증언하고, 무리가 큰 은혜를 받았기 때문에 가능했습니다. 우리들도 복음을 전하기 위해서는 큰 권능이 필요하고, 이웃 사랑을 실천하기 위해서는 큰 은혜가 필요합니다.

앞으로 교회의 중요한 지도자로 쓰일 바나바는 어떤 일을 했습니까?

> 구브로에서 난 레위족인이 있으니 이름은 요셉이라 사도들이 일컬어 바나바(번역하면 권위자)라 하니 그가 밭이 있으매 팔아 값을 가지고 사도들의 발 앞에 두니라(36~37절).

그는 자발적으로 자신의 소유를 팔아 헌납함으로써 초대교회 나눔 공동체의 모습을 몸소 보여준 모범적인 신앙인이었습니다. 이웃의 어려움과 고통을 외면하지 않고 자신의 문제로 받아들이는 솔선수범이야말로 이기적인 현실 속에서 성도들에게 요구되는 예수님의 사랑을 실천하는 삶인 것입니다.

… 구브로 출신 레위인인 바나바라는 이름은 그의 부모가 지어준 것이 아니라 사도들에게서 받은 이름입니다. 누가는 그 뜻을 '위로의 아들' 이라고 밝힙니다. 사도들이 이 이름을 붙여준 것은 그가 남들을 위로하는 데 뛰어난 사람이었기 때문입니다.

마치는 말

예루살렘 초대교회는 두 사도의 보고를 받고 일심으로 소리를 높여 하나님께 기도했습니다. 그 기도의 내용은 교회가 지금 핍박을 당하고 있는데 힘을 주셔서 담대히 말씀을 전하고 능력도 행할 수 있게 해달라는 것이었습니다. 교회가 어려움을 당했을 때 교인들은 다 같이 의논하고 염려하며 힘을 합하여 기도했습니다. 교회는 단지 몇 사람들의 힘으로 유지되고 부흥하는 것이 아니라 모든 교인들이 함께 기도하고 협력할 때 발전하고 부흥된다는 것을 가르쳐주는 것입니다.

나의 삶에 적용

1) 29~31절을 읽고 우리가 전도할 때 가져야 할 자세에 대해서 이야기해보십시오.

2) 당신이 핍박을 당하는 경우가 있다면 어떻게 기도할 것입니까?

제 9 과

아나니아와 삽비라 사건

■ 찬　　송 : 341, 348장
■ 성경본문 : 행 5:1~16

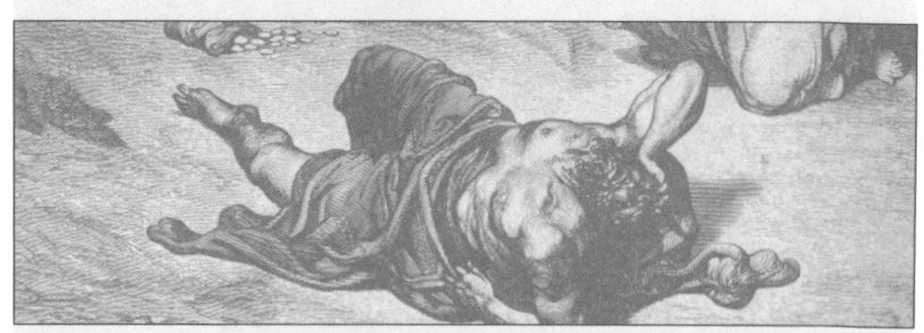

오늘의 말씀 〈행 5:8~10〉

8베드로가 가로되 그 땅 판 값이 이것뿐이냐 내게 말하라 하니
가로되 예 이뿐이로라 9베드로가 가로되 너희가 어찌 함께 꾀하
여 주의 영을 시험하려 하느냐 보라 네 남편을 장사하고 오는
사람들의 발이 문 앞에 이르렀으니 또 너를 메어 내가리라 한
대 10곧 베드로의 발 앞에 엎드러져 혼이 떠나는지라 젊은 사람
들이 들어와 죽은 것을 보고 메어다가 그 남편 곁에 장사하니

가장 아름답고 이상적인 것처럼 보이던 예루살렘 초대교회에도 사단의 시험이 있었습니다. 그것은 인간의 탐욕과 허영과 경쟁심을 자극한 것입니다. 아나니아와 삽비라는 거기에 넘어져서 결국 거짓과 위선적인 헌금을 하게 되었고, 그로 인해 저주를 받아 죽었습니다. 이 사건을 통해서 세상에는 완전한 교회가 없다는 것을 배우게 됩니다. 언제든지 교회가 사단의 시험을 받을 수 있으며, 교인들도 시험을 당해 이기지 못하고 죄를 지을 가능성이 있다는 것을 알게 됩니다.

1. 아나니아와 삽비라 (5:1~11)

아나니아는 아내와 함께 무엇을 하였으며, 그들이 그렇게 하게 된 동기는 어디에 있다고 생각하십니까?

> 아나니아라 하는 사람이 그 아내 삽비라로 더불어 소유를 팔아 그 값에서 얼마를 감추매 그 아내도 알더라 얼마를 가져다가 사도들의 발 앞에 두니(1~2절).

… 아나니아라는 이름은 '여호와의 은총' 이라는 뜻이며, 삽비라는 보석인 '청옥' 에서 온 것으로 '아름답다' 는 뜻입니다.

베드로는 아나니아의 헌금을 받고 무엇이라고 하였습니까?

베드로가 가로되 아나니아야 어찌하여 사단이 네 마음에 가득하여 네가 성령을 속이고 땅 값 얼마를 감추었느냐 땅이 그대로 있을 때에는 네 땅이 아니며 판 후에도 네 임의로 할 수가 없더냐 어찌하여 이 일을 네 마음에 두었느냐 사람에게 거짓말한 것이 아니요 하나님께로다(3~4절).

아나니아와 삽비라 부부가 죽은 이유는 그들이 땅값 일부를 자기들을 위해 남겨 두었기 때문이 아닙니다. 그들이 반드시 땅값을 모두 다 헌금해야 할 필요도 없습니다. 헌금을 안 해도 되고 일부만 해도 됩니다. 그들의 죄는 헌금의 액수가 아니라 사람들에게 자기들이 땅값 전부를 헌금하는 것처럼 대단하게 보이려고 했던 위선적인 행동입니다. 그것은 성령을 속이고 하나님께 거짓말을 한 것이 됩니다.

베드로가 말한 후 어떤 일이 일어났습니까?

아나니아가 이 말을 듣고 엎드러져 혼이 떠나니 이 일을 듣는 사람이 다 크게 두려워하더라 젊은 사람들이 일어나 시신을 싸서 메고 나가 장사하니라(5~6절).

인색하게 헌납했을 뿐 아니라 그 소유 일부를 감춘 사실을 거짓말한 아나니아는 베드로의 책망을 듣고 엎드러져 혼이 떠나 버렸습니다. 결국 사도 베드로만 속이면 성도들의 존경과 관심을 받을 수 있다고 생각한 아나니아는 하나님의 심판을 받아 급사하였습니다.

세 시간쯤 후에 아무 것도 모르는 삽비라에 어떤 일이 일어났습

니까?

세 시간쯤 지나 그 아내가 그 생긴 일을 알지 못하고 들어오니 베드로가 가로되 그 땅 판 값이 이것뿐이냐 내게 말하라 하니 가로되 예 이뿐이로라 베드로가 가로되 너희가 어찌 함께 꾀하여 주의 영을 시험하려 하느냐 보라 네 남편을 장사하고 오는 사람들의 발이 문 앞에 이르렀으니 또 너를 메어 내가리라 한대 곧 베드로의 발 앞에 엎드러져 혼이 떠나는지라 젊은 사람들이 들어와 죽은 것을 보고 메어다가 그 남편 곁에 장사하니(7~10절).

삽비라는 남편 아나니아가 사도들과 성도들에게 대단한 칭찬을 받고 있을 것이라고 생각하면서 사도들이 모인 장소로 갔을 것입니다. 그런데 기대와는 달리 분위기는 엄숙했고 사도 베드로는 삽비라를 향해 "그 땅 판 값이 이것뿐이냐"라고 질문하였습니다. 이 질문은 삽비라를 추궁하기보다는 회개시키기 위함 이었습니다. 그러나 삽비라는 최후 순간까지 회개하지 않고 성령을 거스려 '예 이뿐이로다' 고 대답하였습니다. 결국 삽비라도 남편과 동일한 급사를 당하게 되었습니다.

아나니아 부부가 죽어 장사되는 것을 본 성도들은 어떤 반응이었습니까?

온 교회와 이 일을 듣는 사람들이 다 크게 두려워하니라(11절).

베드로가 말한 것을 듣고 무슨 일이 일어났는지를 본 사람들과 또 그 이야기를 들은 사람들이 모두 다 크게 두려워하였습니다.

여기서 '두려워하였다'고 하는 말은 공포에 싸여 두려워한 것이 아니라 하나님의 심판과 성령의 역사로 말미암아 성도들이 하나님을 경외하였다는 의미입니다.

2. 사도들이 베푼 기적 (4:12~16)

사도들이 행한 표적과 기사에 따른 사람들의 반응은 어떠했습니까?

사도들의 손으로 민간에 표적과 기사가 많이 되매 믿는 사람이 다 마음을 같이하여 솔로몬 행각에 모이고(12절).

사도들은 전에 솔로몬 행각에서 예수님을 증거하다가(3:11) 유대 지도자들에게 체포되어 복음전파에 대한 금지 명령을 받고 석방된 적이 있습니다. 그런데 사도들의 행한 표적과 기사를 목격한 성도들이 바로 그곳에 모여 들었습니다. 즉 외부적인 핍박에도 불구하고 솔로몬 행각에 모이는 관습은 폐지되지 않고 그곳에서 성도간의 교제가 지속되었습니다. 이와 같이 사도들이 행한 기적의 결과로 교회는 긴밀히 연합되어 성도들이 사도들을 따르며 성도 상호간에 신뢰하는 풍토가 정착되어 갔습니다.

사도들을 통해 나타난 표적과 이적은 대단한 것이었습니다. 어느 정도였습니까?

심지어 병든 사람을 메고 거리에 나가 침대와 요 위에 뉘우고 베드로가 지날 때에 혹 그 그림자라도 뉘게 덮일까 바라고 예루살렘 근읍 허다한 사람들도 모여 병든 사람과 더러운 귀신에게 괴로움 받는 사람을 데리고 와서 다 나음을 얻으니라(15~16절).

많은 사람들이 베드로의 그림자라도 덮이길 원한 것은 하나님께서 베드로의 그림자까지라도 치료의 도구로 사용하셔서 병으로 신음하며 귀신에게 괴로움을 받아 지친 자들을 회복시켜 주실 것을 소망하였기 때문입니다(15절). 이와 같이 당시 많은 사람들의 영적 능력을 인정하고 사도들에게 나와서 표적과 이적을 경험하였습니다.

마치는 말

성령을 속이고 하나님께 거짓말을 한 아나니아와 삽비라 사건은 초대교회의 가장 모범적인 분야에서 시험을 받은 것을 보여줍니다. 모든 성도들이 재물을 아끼지 않고 헌금하고 서로 나누어 사용하는 모습은 초대교회의 자랑이었는데 이 모습에 사단의 시험이 침투한 것입니다. 오늘날의 교회도 이와 마찬가지입니다. 우리 교회가 가장 자랑할 수 있는 모습에 시험거리가 생길 수 있음을 가르쳐주는 교훈입니다.

또한 참다운 신앙생활은 결코 외형적인 업적에 있는 것이 아닙니다. 하나님과 교회 앞에서 자기를 높이고자 하는 허영심이나 경쟁심 없이 진실하게 섬기는 것이 참다운 신앙생활입니다. 정직한 사람이 하나님의 은혜를 받게 됩니다.

나의 삶에 적용

1) 혹시 나는 인간적인 계산을 앞세운 헌금이나 자랑하기 위한 헌금, 정성을 다하지 않은 헌금을 드리지는 않고 있는지 생각해 보십시오.

2) 아나니아와 삽비라 부부의 사건을 통해 배운 점을 이야기해보십시오.

제 10 과

교회의 박해와 전도

■ 찬　　송 : 363, 259장
■ 성경본문 : 행 5:17~42

오늘의 말씀 〈행 5:40~42〉

40저희가 옳게 여겨 사도들을 불러들여 채찍질하며 예수의 이름
으로 말하는 것을 금하고 놓으니 41사도들은 그 이름을 위하여
능욕 받는 일에 합당한 자로 여기심을 기뻐하면서 공회 앞을
떠나니라 42저희가 날마다 성전에 있든지 집에 있든지 예수는
그리스도라 가르치기와 전도하기를 쉬지 아니하니라.

아나니아와 삽비라의 거짓 헌금 문제가 해결된 후에 교회는 더욱 크게 부흥했습니다. 그러자 교회를 핍박하던 대제사장과 사두개인들이 시기가 더욱 가득하여 사도들을 다시 잡아 옥에 가두었습니다. 하나님께서 밤중에 천사를 보내서 옥문을 열었고, 성전에 가서 복음을 전하라고 하셨습니다. 대제사장과 그 무리들이 공회를 모으고 사도들을 옥에서 끌어내라고 했지만 사도들은 이미 옥에서 나와 새벽부터 성전에서 가르치고 있었습니다.

1. 사도들의 투옥과 기적적 구출 (5:17~20)

대제사장과 사두개인들은 사도들에게 어떤 행동을 하였습니까?

> 대제사장과 그와 함께 있는 사람 즉 사두개인의 당파가 다 마음에 시기가 가득하여 일어나서 사도들을 잡아다가 옥에 가두었더니(17~18절).

대제사장 안나스(행 4:6)와 사두개파 사람들은 사도들의 활동이 성공적으로 진행되자 마음에 시기가 가득했습니다. 대제사장은 떨어져 가는 교권을 붙들려고 발악하는 차원으로 사도들을 시기하고 핍박했습니다. 사두개인의 당파는 교리적으로 사도들이 전하는 부활과 반대되는 사상을 지녔기 때문에 핍박자의 편에 가담한 것입니다. 그들은 정의감이 아니라 시기심 때문에 사도들을 핍박한 것입니다.

대제사장과 사두개인들에 의해서 사도들이 옥에 갇혔을 때 어떤 일이 일어났으며, 사도들은 어떤 일을 했습니까?

> 주의 사자가 밤에 옥문을 열고 끌어내어 가로되 가서 성전에 서서 이 생명의 말씀을 다 백성에게 말하라 하매 저희가 듣고 새벽에 성전에 들어가서 가르치더니 대제사장과 그와 함께 있는 사람들이 와서 공회와 이스라엘 족속의 원로들을 다 모으고 사람을 옥에 보내어 사도들을 잡아오라 하니(19~21절).

주의 사자가 사도들을 초자연적인 방법으로 구출시켰으며, 옥에서 벗어나 천사의 지시대로 성전에 들어가 다시 가르치게 되었습니다.

… "주의 사자"는 헬라어로 〈앙겔로스퀴리부〉, 즉 '주의 천사'라는 말입니다. 그러므로 "주의 사자"는 하나님으로부터 어떤 임무를 부여받은 사신으로서의 천사입니다.

2. 베드로와 사도들의 복음증거 (5:1~32)

대제사장과 그 무리들은 사도들에 대한 심문을 더 강화하기 위하여 전보다 더 큰 규모의 공회를 소집하였습니다. 그리고 관속들에게 명하여 옥에서 사도들을 잡아오라고 하였으나 이미 사도들이 옥에서 나와 성전에서 백성을 가르친다는 소식을 듣고 당황하면서 사도들을 다시 잡아 왔습니다. 그러나 사도들을 다시 체포하는 과정에서 성전 맡은 자(성전 수비대장)와 관속들이 백성들을 무서워하여 사도들을 함부로 대하지 못했다는 것은 백성들이 사도들을 존경하고 있다는 뜻입니다. 초대교회는 대적하는 자들에게는 박해를 받았지만 일반 백성들에게는 칭송을 받았습니다. 성령의 능력을 통해 많은 이적을 행하고 독특한 사랑의 공동체를 이루었기 때문입니다.

성령 충만한 사도들과 예루살렘 교회의 성도들이 어떻게 복음을 전하였는지 이들을 핍박하던 대제사장이 입증하고 있는데, 그 내용은 무엇입니까?

> 가로되 우리가 이 이름으로 사람을 가르치지 말라고 엄금하였으되 너희가 너희 교를 예루살렘에 가득하게 하니 이 사람의 피를 우리에게로 돌리고자 함이로다(28절).

베드로와 사도들은 어떤 내용을 증거하고 있습니까?

> 베드로와 사도들이 대답하여 가로되 사람보다 하나님을 순종하는 것이 마땅하니라 너희가 나무에 달아 죽인 예수를 우리 조상의 하나님이 살리시고 이스라엘로 회개케 하사 죄 사함을 얻게 하시려고 그를 오른손으로 높이사 임금과 구주를 삼으셨느니라 우리는 이 일에 증인이요 하나님이 자기를 순종하는 사람들에게 주신 성령도 그러하니라 하더라(29~32절).

베드로와 사도들은 3가지 내용으로 증거하고 있습니다. 첫째, 공회의 명령에 불복종하는 이유는 사람보다 하나님을 순종하는 것이 마땅하다는 것입니다. 둘째, 예수 그리스도가 죽임을 당했지만 하나님께서 살리시고 하나님 오른편에 앉게 하시며 구세주가 되심을 증거하고 있습니다. 셋째, 예수 그리스도의 죽음과 부활 그리고 승천에 대한 증인임과 동시에 하나님이 자신에게 순종하는 사람들에게 주신 성령도 증인임을 증거하고 있습니다.

3. 가말리엘의 중재 (5:33~42)

사도들을 죽이려고 하는 사람들에게 가말리엘은 어떤 말을 하면서 충고하였습니까?

> 저희가 듣고 크게 노하여 사도들을 없이하고자 할쌔 바리새인 가말리엘은 교법사로 모든 백성에게 존경을 받는 자라 공회 중에 일어나 명하사 사도들을 잠간 밖에 나가게 하고 말하되 이스라엘 사람들아 너희가 이 사람들에게 대하여 어떻게 하려는 것을 조심하라 이전에 드다가 일어나 스스로 자랑하매 사람이 약 사백이나 따르더니 그가 죽임을 당하매 좇던 사람이 다 흩어져 없어졌고 그 후 호적할 때에 갈릴리 유다가 일어나 백성을 꾀어 좇게 하다가 그도 망한즉 좇던 사람이 다 흩어졌느니라 이제 내가 너희에게 말하노니 이 사람들을 상관 말고 버려두라 이 사상과 소행이 사람에게로서 났으면 무너질 것이요 만일 하나님께로서 났으면 너희가 저희를 무너뜨릴 수 없겠고 도리어 하나님을 대적하는 자가 될까 하노라 하니(33~39절).

만일 그 사도들의 사상이 하나님께로부터 났으면 여러분은 이 사람들이 하는 일을 막을 수 없는 것은 물론이고, 잘못하면 하나님과 맞서 싸우는 것이 되고 말 것이라고 충고하였습니다. 가말리엘은 율법을 가르치고 해석하는 학자였고, 사도 바울의 스승이었으며 모든 백성으로부터 존경받는 사람이었습니다.

가말리엘의 충고의 말을 들은 후 어떤 일이 있었습니까?

> 저희가 옳게 여겨 사도들을 불러들여 채찍질하며 예수의 이름으로 말하는 것을 금하고 놓으니 사도들은 그 이름을 위하여 능욕 받는 일에 합당한 자로 여기심을 기뻐하면서 공회 앞을 떠나니라(40~41절).

사도들은 공회를 떠난 후 어떤 일을 하였습니까?

> 저희가 날마다 성전에 있든지 집에 있든지 예수는 그리스도라 가르치기와 전도하기를 쉬지 아니하니라(42절).

사도들은 날마다 성전 뜰에서 그리고 집집마다 다니면서 예수님이 바로 그리스도라는 복음의 내용을 쉬지 않고 가르치고 전했습니다.

마치는 말

공회에서 대제사장은 전에 사도들에게 복음을 전하지 말라고 했는데도 사도들이 계속 복음을 전했다고 비난합니다. 그러나 사도들은 공회의 말보다 하나님의 말씀을 들어야 한다고 하며 계속 복음을 전하겠다고 합니다. 공회원들이 화가 나서 사도들을 죽이려고 하자 바리새인 교법사 가말리엘이 말렸습니다. 그리고 난 후 사도들은 다시 풀려나 계속해서 복음을 전했습니다. 사도들은 복음전하는 것 때문에 감옥에 들어갔었는데 감옥에서 풀려 나오자마자 다시 새벽부터 성전에 가서 복음을 전했습니다. 하나님께서 사도들을 감옥에서 꺼내주신 목적이 바로 복음을 전하는 것이었기 때문입니다. 이것은 우리가 항상 배우고 생각해야 할 문제입니다.

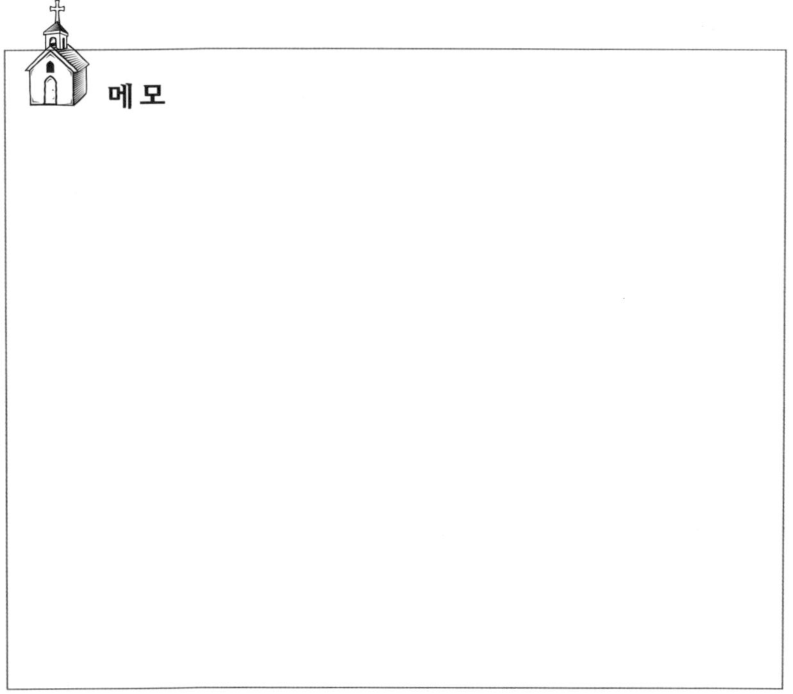

나의 삶에 적용

1) 옥에 갇힌 사도들을 주의 사자가 끌어낸 표적을 통해 느낀 점이 있다면 말해보십시오.

2) 감옥에서 나와서 바로 새벽에 성전에서 복음을 전한 사도들의 모습을 통해서 느낀 점이나 배운 것이 있다면 서로 이야기해보십시오.

제 11 과

일꾼 세움과 스데반의 사역

■ 찬　송 : 372, 377장
■ 성경본문 : 행 6:1~15

오늘의 말씀 〈행 6:3~5〉

[3]형제들아 너희 가운데서 성령과 지혜가 충만하여 칭찬 듣는 사
람 일곱을 택하라 우리가 이 일을 저희에게 맡기고 [4]우리는 기
도하는 것과 말씀 전하는 것을 전무하리라 하니 [5]온 무리가 이
말을 기뻐하여 믿음과 성령이 충만한 사람 스데반과 또 빌립과
브로고로와 니가노르와 디몬과 바메나와 유대교에 입교한 안디
옥 사람 니골라를 택하여

예루살렘 교회에서 과부들에게 구제금을 나눠줄 때 히브리어를 쓰는 유대 과부들에게는 구제금이 제대로 지급되었으나, 헬라어를 쓰는 유대 과부들에게는 제대로 지급이 되지 않았습니다. 그러자 헬라파 유대인들이 히브리파 유대인들을 원망하게 됩니다. 이런 문제가 발생하자 사도들이 해결책을 제시합니다. 자기들이 말씀 전하는 일을 제쳐놓고 재정관리만 하고 있을 수 없으니 재정을 관리할 사람 일곱을 뽑아서 그 일을 맡기고 자기들은 기도하고 말씀 전하는 일에 전념하겠다는 것입니다. 온 교회가 이것을 좋게 여기고 일곱 사람의 일꾼을 뽑게 되었습니다.

1. 일곱 집사의 선택 (6:1~2)

제자들이 가르치기와 전도하기를 쉬지 않은 결과는 어떠했으며, 또한 이때 예루살렘 교회에 어떤 문제가 일어나고 말았습니까?

> 그 때에 제자가 더 많아졌는데 헬라파 유대인들이 자기의 과부들이 그 매일 구제에 빠지므로 히브리파 사람을 원망한대(1절).

날이 갈수록 제자들의 수는 늘어만 갔습니다. 이때 예루살렘 교회에 문제가 발생했습니다. 헬라어를 사용하는 유대인들이 히브리어를 사용하는 유대인들에게 불평을 늘어놓았습니다. 히브리어를 사용하는 본토 유대인들이 구제할 때 헬라어를 사용하는 유대인 과부들에게는 관심을 쏟지 않아 그들이 제대로 배급을 받지 못했기 때문입니다.

당시 예루살렘 교회는 두 부류의 유대인으로 구성되어 있었습니다. 하나는 팔레스타인 지방에서 태어나 히브리어(혹은 당시 유대인들이 사용하던 아람어)를 쓰는 유대인들이고, 다른 하나는 팔레스타인 이외의 지역에서 태어나 헬라어를 쓰는 유대인들입니다. 후자를 소위 디아스포라(재외동포 유대인)라고 합니다.

구제에 대한 문제가 발생하자 교회지도자인 사도들은 어떤 반응을 보였습니까?

> 열 두 사도가 모든 제자를 불러 이르되 우리가 하나님의 말씀을 제쳐 놓고 공궤를 일삼는 것이 마땅치 아니하니 형제들아 너희 가운데서 성령과 지혜가 충만하여 칭찬 듣는 사람 일곱을 택하라 우리가 이 일을 저희에게 맡기고 우리는 기도하는 것과 말씀 전하는 것을 전무하리라 하니(2~4절).

사도들은 복음 전하는 일에 전념하기 위하여 성령과 지혜가 충만하다고 인정받은 일곱 사람을 택하라 하였습니다. 즉 구제하는 일은 일곱 집사에게 맡기고, 사도들은 오직 기도하는 것과 하나님의 말씀을 전하는 일만 감당하겠다는 것입니다.

초대교회의 일꾼들의 자격은 어떠한 것이라고 했습니까?

> 온 무리가 이 말을 기뻐하여 믿음과 성령이 충만한 사람 스데반과 또 빌립과 브로고로와 니가노르와 디몬과 바메나와 유대교에 입교한 안디옥 사람 니골라를 택하여 사도들 앞에 세우니

사도들이 기도하고 그들에게 안수하니라(5~6절).

초대교회의 일꾼들의 자격은 믿음과 성령이 충만한 것입니다.

사도들이 겸손하고 지혜롭게 일곱 집사를 택하여 안수 기도하고 일꾼들을 세우고 난 후 어떤 일들이 일어났습니까?

하나님의 말씀이 점점 왕성하여 예루살렘에 있는 제자의 수가 더 심히 많아지고 허다한 제사장의 무리도 이 도에 복종하니라(6~7절).

하나님의 말씀이 계속 펴져 나가서 예루살렘에서 제자들의 수가 많이 늘었습니다. 뿐만 아니라 유대인 제사장들 중에서도 믿음을 가지게 된 사람들이 많이 생겨났습니다.

2. 심문받는 스데반 (6:8~15)

스데반은 어떤 사람이었으며, 어떤 일을 했습니까?

스데반이 은혜와 권능이 충만하여 큰 기사와 표적을 민간에 행하니 리버디노 구레네인, 알렉산드리아인, 길리기아와 아시아에서 온 사람들의 회당이라는 각 회당에서 어떤 자들이 일어나 스데반으로 더불어 변론할 새(8~9절).

스데반은 하나님의 은혜와 능력이 가득한 사람이었습니다. 그는 백성들 사이에서 기적과 표적을 행하였습니다.

스데반(헬라어로 스타파노스)이라는 이름은 '면류관', '왕관'이라는 뜻입니다. 일곱 집사의 명단 중 맨 처음에 나오는 것을 보면 아마도 일곱 집사를 대표하였을 것입니다. 스데반이 찾아다니면서 복음을 증거한 곳은 헬라파 유대인들이 여기저기서 모이고 있었던 회당이었습니다. 스데반은 만 명이 넘는 교회재정을 담당하는 일도 벅찼을 텐데 그 와중에도 시간을 쪼개서 전도하는 일에 전력하였습니다.

사람들과 변론한 스데반이 가진 특징은 무엇입니까?

> 스데반이 지혜와 성령으로 말함을 저희가 능히 당치 못하여(10절).

스데반이 사용한 "변론"은 흔히 말하는 논쟁이 아니었습니다. 그것은 구약성경을 가지고 예수님이 메시아라는 사실을 증명하는 일종의 논증이었습니다.

사람들이 스데반을 거짓으로 모함한 내용은 무엇입니까?

> 사람들을 가르쳐 말시키되 이 사람이 모세와 및 하나님을 모독하는 말하는 것을 우리가 들었노라 하게 하고 백성과 장로와 서기관들을 충동시켜 와서 잡아 가지고 공회에 이르러 거짓 증인들을 세우니 가로되 이 사람이 이 거룩한 곳과 율법을 거스려 말하기를 마지 아니하는도다 그의 말에 이 나사렛 예수가 이곳을 헐고 또 모세가 우리에게 전하여 준 규례를 고치겠다 함을 우리가 들었노라 하거늘(11~14절).

첫째: 모세와 하나님을 모독하는 소리를 들었다는 내용.

둘째: 거룩한 성전과 율법에 대해 험담을 하였다는 내용.

셋째: 나사렛 예수가 이곳을 헐어 버릴 것이고, 또 모세가 우리에게 전해준 여러 관습 들을 뜯어 고칠 것이라고 말하는 것을 들었다는 내용을 가지고 사람들은 스데반을 모함하였습니다.

자기를 대적하는 자들 앞에서 스데반은 어떤 모습이었습니까?

> 공회 중에 앉은 사람들이 다 스데반을 주목하여 보니 그 얼굴이 천사의 얼굴과 같더라(15절).

스데반은 어려운 상황에 놓였지만 담대할 뿐더러 복음을 위해 받는 핍박과 기쁨으로 여겼기 때문에 평화로이 보였으며 환한 천사의 얼굴 같더라고 하였습니다.

마치는 말

스데반은 믿음과 성령이 충만하여 교회의 재정 관리자로 뽑혔습니다. 그러나 스데반은 재정관리만 하지 않고 큰 기사와 표적을 행하면서 복음을 전했습니다. 우리들도 스데반처럼 성령과 권능을 받고 복음을 전해야 합니다. 그러나 성령의 은사는 사람마다 다르기 때문에 사역하는 방법이 서로 다를 수 있습니다. 하나님께서는 성령의 은사를 통해서 일을 시키기도 하시고, 먼저 사람을 훈련시키고 나중에 사용하시기도 합니다. 이 모든 것이 하나님의 나라의 확장을 위해서입니다.

나의 삶에 적용

1) 교회의 일꾼으로 세움 받는 자격과 기준은 무엇이라고 생각합니까?

2) 우리가 견디기 힘든 역경이나 고통을 받을 때 스데반처럼 천사의 얼굴을 할 수 있겠습니까? 어떻게 하면 그렇게 할 수 있겠습니까?

제 12 과

스데반의 설교

■ 찬　　송 : 199, 213장
■ 성경본문 : 행 7:1~53

오늘의 말씀 〈행 7:51~53〉

51목이 곧고 마음과 귀에 할례를 받지 못한 사람들아 너희가 항
상 성령을 거스려 너희 조상과 같이 너희도 하는도다 52너희 조
상들은 선지자 중에 누구를 핍박지 아니하였느냐 의인이 오시
리라 예고한 자들을 저희가 죽였고 이제 너희는 그 의인을 잡
아준 자요 살인한 자가 되나니 53너희가 천사의 전한 율법을 받
고도 지키지 아니하였도다 하니라

스데반은 율법을 거스른 말을 하고 성전을 모독했다는 이유로 산헤드린 공회에서 재판을 받았습니다. 스데반은 자신이 변호할 기회가 오자 구약에 기록된 이스라엘 역사를 말하면서 하나님이 그들을 선택하시고 은혜를 주시며 어떻게 구원하셨는지를 이야기합니다. 또한 그들이 하나님의 뜻을 얼마나 어기고 불순종하였는지를 날카롭게 지적합니다. 스데반의 설교는 아브라함부터 시작해서 예수 그리스도로 끝을 맺습니다.

1. 스데반의 설교 (7:1~53)

아브라함이 하나님께 순종했던 맨 처음 받은 명령은 무엇입니까?

> 가라사대 네 고향과 친척을 떠나 내가 네게 보일 땅으로 가라 하시니 아브라함이 갈대아 사람의 땅을 떠나 하란에 거하다가 그 아비가 죽으매 하나님이 그를 거기서 너희 시방 거하는 이 땅으로 옮기셨느니라(3~4절).

스데반이 요셉의 생애를 요약하여 전한 취지는 무엇이라고 생각하십니까?

> 여러 조상이 요셉을 시기하여 애굽에 팔았더니 하나님이 저와 함께 계셔 그 모든 환난에서 건져내사 애굽 왕 바로 앞에서 은총과 지혜를 주시매 바로가 저를 애굽과 자기 온 집의 치리자로 세웠느니라 그 때에 애굽과 가나안 온 땅에 흉년들어 큰 환난이 있을새 우리 조상들이 양식이 없는지라 야곱이 애굽에 곡식 있다는 말을 듣고 먼저 우리 조상들을 보내고 또 재차 보내

매 요셉이 자기 형제들에게 알게 되고 또 요셉의 친족이 바로에게 드러나게 되니라 요셉이 보내어 그 부친 야곱과 온 친족 일흔 다섯 사람을 청하였더니 야곱이 애굽으로 내려가 자기와 우리 조상들이 거기서 죽고 세겜으로 옮기워 아브라함이 세겜 하몰의 자손에게서 은으로 값 주고 산 무덤에 장사되니라(9~16절).

스데반은 유대인들에게 그들의 시작이 초라하고 미미하였음을 깨닫게 하기 위해 그들의 교만함을 지적하려 했습니다. 즉 원래 유대는 보잘것없이 작은 민족(출 1:5)이었으나 하나님의 축복으로 애굽에서 번성하여 큰 민족을 형성하게 되었고, 또한 애굽의 노예 생활에서 하나님의 은혜로 인도되어져 나왔음을 상기시키려 하였습니다. 또한 요셉의 형제들이 요셉을 시기하여 애굽에 팔아버린 죄악을 언급함으로 예수님을 죽이고 사도들을 핍박하는 행위가 그와 동일한 죄악임을 강조하였습니다.

하나님께서 약속하신 한 마디조차도 얼마나 신뢰할 말씀인지 17절을 통해서 확인해보십시오.

하나님이 아브라함에게 약속하신 때가 가까우매 이스라엘 백성이 애굽에서 번성하여 많아졌더니(17절).

모세가 지도자로서 부족한 것이 있다면 그것은 무엇입니까?

저는 그 형제들이 하나님께서 자기의 손을 빌어 구원하여 주시는 것을 깨달으리라고 생각하였으나 저희가 깨닫지 못하였더라(25절).

바로왕의 궁에 있을 동안 모세는 젊고 패기만만했습니다. 노예 생활을 하고 있던 동족을 해방시켜야 한다는 책임감에서 늘 기회를 기다리고 있었습니다. 사람 보기에 그는 지도자로서 완벽할 만큼 잘 갖추어져 있었습니다. 그러나 하나님의 백성인 이스라엘의 지도자가 되기 위해서 중요한 것이 빠져있었던 것입니다.

모세를 모독하고(6:11) 율법을 거스려 말하였다(6:13)고 하여 고소당한 스데반이 모세의 마지막 40년의 삶을 언급하면서 주장한 바는 무엇입니까?

> 이스라엘 자손을 대하여 하나님이 너희 형제 가운데서 나와 같은 선지자를 세우리라 하던 자가 곧 이 모세라 시내산에서 말하던 그 천사와 및 우리 조상들과 함께 광야 교회에 있었고 또 생명의 도를 받아 우리에게 주던 자가 이 사람이라 우리 조상들이 모세에게 복종치 아니하고자하여 거절하며 그 마음이 도리어 애굽으로 행하여 아론더러 이르되 우리를 인도할 신들을 우리를 위하여 만들라 애굽 땅에서 우리를 인도하던 이 모세는 어떻게 되었는지 알지 못하노라 하고 그 때에 저희가 송아지를 만들어 그 우상 앞에 제사하며 자기 손으로 만든 것을 기뻐하더니 하나님이 돌이키사 저희를 그 하늘의 군대 섬기는 일에 버려두셨으니 이는 선지자의 책에 기록된바 이스라엘의 집이여 사십년을 광야에서 너희가 희생과 제물을 내게 드린 일이 있었느냐 몰록의 장막과 신 레판의 별을 받들었음이여 이것은 너희가 절하고자 하여 만든 형상이로다 내가 너희를 바벨론 밖에 옮기리라 함과 같으니라(37~43절).

유대인들은 율법을 전하여 준 모세에 대한 숭배와 광야 생활을 이상화 하려는 경향이 농후하였습니다. 그러므로 모세보다도 더 큰 권위를 가지신 예수 그리스도를 증거한 스데반을 모세와 율법에 대한 모독자로 규정하는 것은 그들에게 있어서 당연한 일이었습니다.

이에 대해 스데반은 세 가지 사실을 주장하였습니다.

첫째, 모세는 하나님이 후에 그 백성 가운데서 그들을 위하여 "나와 같은 선지자를 세우리라"고 친히 말하였는데(신 18:15) 이것이 말하는 바는 하나님의 계시와 구속 사업은 모세의 율법적 계율로만은 안 된다는 것입니다.

둘째, 모세는 하나님이 택하신 구원자였는데도 자신이 속한 동족으로부터 버림을 받았습니다. 이것은 예수께서 하나님의 약속하신 메시아였는데도 불구하고 그 백성으로부터 배척당하시던 식으로 수난 당했을 뿐만 아니라 대다수의 이스라엘 백성이 그를 거절했던 이유를 설명해줍니다.

셋째, 모세가 백성들과 함께 있었고 그들이 하나님의 계명과 제사 제도를 가지고 있었지만 이스라엘 백성들은 음란하게도 우상을 숭배함으로써 사실상 하나님께 반역하였다(출 32:1~4)는 주장입니다.

따라서 스데반은 모인 유대인들을 향해 우리 조상들은 모세와 하나님 앞에서 부끄러운 자들이며 그 후손 또한 동일한 죄를 범하고 있으므로, 유대인들은 지난 과거의 역사를 이상화하려는 교만을 버리고 우선 하나님 앞으로 돌아오는 회개의 운동이 필요함을 강조하였던 것입니다(참조, 겔 18:30; 마 3:2; 막 1:15; 눅 13:3; 롬 2:5; 계 2:5).

이스라엘 사람들이 영적으로 잘못된 세 가지 문제점은 무엇입

니까?

> 목이 곧고 마음과 귀에 할례를 받지 못한 사람들아 너희가 항상 성령을 거스려 너희 조상과 같이 너희도 하는도다(51절).

스데반을 대적하는 이스라엘 사람들은 그들의 조상보다 더 큰 죄를 하나 더 지은 자들이 되었는데 그것은 무엇입니까?

> 너희 조상들은 선지자 중에 누구를 핍박지 아니하였느냐 의인이 오시리라 예고한 자들을 저희가 죽였고 이제 너희는 그 의인을 잡아준 자요 살인한 자가 되나니(52절).

스데반의 설교는 이스라엘 사람들이 항상 하나님께서 보내신 선지자들에게 순종하지 않았는데 결국은 예수님까지 죽임으로써 하나님의 뜻을 저버렸다는 것입니다. 지금 그들이 스데반을 율법 파괴자로 고발하지만, 실은 그들이야말로 하나님이 보내신 자를 배척하고 율법을 어긴 자들입니다.

마치는 말

스데반은 재판장에 서서 자기를 핍박하는 사람들을 향해 가슴에 비수를 꽂듯이 날카로운 말을 하면서도 자기 자신을 변호하는 말은 한마디도 하지 않았습니다. 자기는 어떻게 되어도 좋다는 것입니다. 예수 그리스도만 바르게 증거할 수 있으면 만족한다는 충성된 자세입니다. 스데반은 모세의 규례는 예수가 오심으로 바뀌어야 하고 성전은 허물어져야 한다고 주장합니다. 이런 말을 하면 자신에게 돌아올 것은 죽음밖에 없다는 사실을 알면서도 당당하게 복음을 전하고 있는 것입니다.

메 모

나의 삶에 적용

1) 아브라함, 요셉, 모세가 연단을 겪은 이유는 무엇이라고 생각하십니까?

2) 죄인이 의인을 재판하는 기가 막힌 모순(스데반을 고소하고 재판했던 실제 죄인인 이스라엘 사람들처럼)에 대해 이야기해보십시오.

제 13 과

스데반의 순교

■ 찬 송 : 363, 364장
■ 성경본문 : 행 7:54~8:1

오늘의 말씀 〈행 7:57~60〉

57저희가 큰 소리를 지르며 귀를 막고 일심으로 그에게 달려들
어 58성 밖에 내치고 돌로 칠쌔 증인들이 옷을 벗어 사울이라
하는 청년의 발 앞에 두니라 59저희가 돌로 스데반을 치니 스데
반이 부르짖어 가로되 주 예수여 내 영혼을 받으시옵소서 하고
60무릎을 꿇고 크게 불러 가로되 주여 이 죄를 저들에게 돌리지
마옵소서 이 말을 하고 자니라.

기독교 2,000년 역사는 헤아릴 수 없는 순교자들의 피로 기록되어 있습니다. 예수 그리스도를 십자가에 못 박아 죽인 사단의 무리들은 예수를 믿는 성도들도 무참하게 죽였습니다. 그 순교자들은 하늘나라에서 생명의 면류관을 쓰고 주님과 함께 영광을 받고 있을 것입니다. 오늘 본문의 스데반은 평신도이면서도 기독교의 첫 순교자입니다. 스데반의 순교의 모습을 통해서 큰 교훈을 받을 수 있습니다.

1. 유대인들이 스데반 설교에 격분 (7:54~56)

스데반의 설교를 들은 유대인들의 반응은 어떠했습니까?

> 저희가 이 말을 듣고 마음에 찔려 저를 향하여 이를 갈거늘(54절).

설교를 들은 유대인들은 마음이 찔렸습니다. 여기서 '마음이 찔렸다' 는 말은 크게 노하여 감정이 격해졌다는 뜻입니다. 또한 그들은 스데반을 향해서 이를 갈았습니다. 이 말의 의미는 분노와 살기가 등등했다는 것입니다.

스데반은 자신의 마지막이 가까운 줄을 깨닫고 하늘을 주목하였을 때 무엇을 보게 되었습니까?

> 스데반이 성령이 충만하여 하늘을 우러러 주목하여 하나님의 영광과 및 예수께서 하나님 우편에 서신 것을 보고(55절).

스데반은 하늘을 보고 나서 무엇이라고 말하였습니까?

말하되 보라 하늘이 열리고 인자가 하나님 우편에 서신 것을 보노라 한대(56절).

하나님께서 스데반의 눈을 들어 환상을 보게 하신 것은 순교를 해야만 하는 스데반을 강하게 붙드시기 위함이었을 것입니다. 스데반이 서있는 자리는 예수님이 재판을 받던 곳이었고, 예수님께서 "인자가 권능의 우편에 앉은 것과 하늘 구름을 타고 오는 것을 너희가 보리라"(마 26:64) 하신 말씀과 비교해볼 수 있습니다.

2. 스데반의 순교 (7:57~60)

스데반의 말을 들은 사람들은 어떤 행동을 했습니까?

저희가 큰 소리를 지르며 귀를 막고 일심으로 그에게 달려들어 성 밖에 내치고 돌로 칠새 증인들이 옷을 벗어 사울이라 하는 청년의 발 앞에 두니라(57~58절).

성령이 충만하여 복음을 전할 때 찔림을 받고 회개한 사람들이 있을 때(베드로의 설교, 행 2:37)도 있지만, 본문에서처럼 돌을 들고 달려 들 때도 있습니다. 복음을 전할 때 좋은 반응과 나쁜 반응이 나타날 수 있습니다. 나쁘게 반응이 나타났다고 해서 복음을 잘못 전한 것은 아닙니다. 얼마든지 반대자들이 있기 때문입니다.

스데반은 어떻게 죽임을 당했습니까?

성 밖에 내치고 돌로 칠새 증인들이 옷을 벗어 사울이라 하는 청년의 발 앞에 두니라 저희가 돌로 스데반을 치니 스데반이 부르짖어 가로되 주 예수여 내 영혼을 받으시옵소서 하고 (58~59절).

스데반은 성난 군중들에 의해서 성 밖으로 끌려 나가서 돌에 맞아 참혹한 방법에 의해 처형되었습니다.

돌에 맞은 스데반은 죽으면서 어떤 말들을 했습니까?

저희가 돌로 스데반을 치니 스데반이 부르짖어 가로되 주 예수여 내 영혼을 받으시옵소서 하고 무릎을 꿇고 크게 불러 가로되 주여 이 죄를 저들에게 돌리지 마옵소서 이 말을 하고 자니라(59~60절).

"주 예수여 내 영혼을 받으시옵소서"(눅 23:46)라고 자기의 영혼을 하나님께 의탁하는 간구를 하였으며, 마지막 죽는 순간까지 "주여 이 죄를 저들에게 돌리지 마옵소서"(눅 23:34)라는 기도를 통해 가해자들의 죄 용서를 빌었습니다.

스데반은 죽임을 당하면서도 믿음과 사랑의 순교를 통해 우리에게 귀한 모범을 보여줍니다. 어떤 환난에서도 주님께 자신을 맡기는 모습과 원수도 사랑하는 모습은 예수님의 모습과 너무나 닮았습니다. 스데반은 하나님의 구원 역사를 이루기 위해 예수님처럼 순교하면서까지 복음을 증거하였습니다.

스데반의 순교 앞에 사울의 태도는 어떠합니까?

> 사울이 그의 죽임 당함을 마땅히 여기더라 그 날에 예루살렘에 있는 교회에 큰 핍박이 나서 사도 외에는 다 유대와 사마리아 모든 땅으로 흩어지니라(8:1).

마치는 말

스데반의 죽음은 예수님처럼 믿음과 사랑 속에서 죽음을 맞이한 모범적인 순교였습니다. 스데반이 죽을 때 사울(바울) 청년이 등장하는데, 스데반과 바울은 헬라문화에 익숙한 디아스포라였습니다. 스데반의 순교의 피와 마지막 기도는 위대한 선교사인 사도 바울을 낳았습니다. 헬라문화에 익숙한 스데반이 죽을 때 바울을 등장시켜서 헬라문화에 익숙한 사람들에게 복음을 전할 전도자로 탄생시킨 것입니다.

순교의 피와 순교자의 기도는 헛되거나 허공을 치지 않습니다. 우리나라의 교회가 이렇게 부흥하고 그리스도인이 많아진 것도 수많은 순교자들의 피와 그들의 기도에 대한 대가로 주신 하나님의 복이며, 열매라는 사실을 깨달아야 합니다.

나의 삶에 적용

1) 만일 주님께서 우리에게 순교해야 한다고 명령한다면 어떻게 해야 할까요?

2) 오늘 본문을 통해서 느낀 점을 서로 이야기해보십시오.

제 14 과

사마리아 전도

■ 찬 송 : 262, 271장
■ 성경본문 : 행 8:1~24

 오늘의 말씀 〈행 8:1~4〉

1사울이 그의 죽임 당함을 마땅히 여기더라 그날에 예루살렘에
있는 교회에 큰 핍박이 나서 사도 외에는 다 유대와 사마리아
모든 땅으로 흩어지니라 2경건한 사람들이 스데반을 장사하고
위하여 크게 울더라 3사울이 교회를 잔멸할쌔 각 집에 들어가
남녀를 끌어다가 옥에 넘기니라 4그 흩어진 사람들이 두루 다니
며 복음의 말씀을 전할쌔

스데반의 죽음과 더불어 예루살렘 교회에 큰 핍박이 일어났습니다. 가말리엘의 충고에 따라 교회 핍박을 자제해왔던 유대 종교지도자들이 스데반의 선교와 설교를 듣고는 더 이상 참을 수 없었던 것입니다. 이 박해로 교회가 흩어지게 되는데 사도 외에는 모두 유대와 사마리아 또는 다메섹과 다른 도시로 흩어졌습니다.

1.교회를 핍박하는 사울 (8:1~3)

스데반의 순교는 예루살렘 교회에 어떤 영향을 주었습니까?

> 사울이 그의 죽임 당함을 마땅히 여기더라 그 날에 예루살렘에 있는 교회에 큰 핍박이 나서 사도 외에는 다 유대와 사마리아 모든 땅으로 흩어지니라(1절).

믿음과 성령이 충만한 초대교회 일곱 집사 중의 한 명인 스데반의 순교는 예루살렘 교회에 더 극심한 핍박의 계기가 되었습니다. 그래서 이 사건으로 사도들을 제외한 대부분의 성도들이 유대와 사마리아로 흩어지게 되었습니다.

여기서 '유대'와 '사마리아'라는 지명이 기록된 것을 보면서 예수님께서 승천하시기 직전에 하신 말씀을 기억하게 됩니다. "오직 성령이 너희에게 임하시면 너희가 권능을 받고 예루살렘과 온 유대와 사마리아와 땅 끝까지 이르러 내 증인이 되리라"(행 1:8). 이 박해를 통해 드디어 주님의 말씀이 성취되기 시작하는 것입니다.

스데반을 죽이는 데 앞장섰던 사울의 태도는 어떻게 변했습니까?

사울이 교회를 잔멸할쌔 각 집에 들어가 남녀를 끌어다가 옥에 넘기니라(3절).

사울은 스데반을 죽이고 더욱 의기양양하게 각 집에 들어가 남녀 그리스도인들을 끌어내어 옥에 가두었습니다. 이때까지도 사울은 율법에 얽매여 있으므로 그의 행위가 하나님을 위한 최선의 길이라고 생각했습니다(빌 2:5~6).

2. 빌립의 복음전파 (8:4~8)

핍박을 피해서 흩어진 사람들이 한 일은 무엇입니까?

그 흩어진 사람들이 두루 다니며 복음의 말씀을 전할쌔(4절).

그들은 비록 핍박을 피하여 흩어졌지만 자신들이 처한 장소에서 복음을 전했습니다. 예루살렘 교회의 성도들은 핍박을 피해 흩어졌지만 결코 두려워하지 않았습니다. 왜냐하면 뜨거운 그리스도의 사랑이 그들을 강권하므로(고후 5:14) 언제 어디서나 담대하게 복음을 전하였기 때문입니다.

빌립 집사를 통해서 사마리아 성에서 어떤 일이 일어났습니까?

빌립이 사마리아 성에 내려가 그리스도를 백성에게 전파하니 무리가 빌립의 말도 듣고 행하는 표적도 보고 일심으로 그의 말하는 것을 좇더라 많은 사람에게 붙었던 더러운 귀신들이 크게 소리를 지르며 나가고 또 많은 중풍병자와 앉은뱅이가 나으니 그 성에 큰 기쁨이 있더라(5~8절).

빌립은 사마리아 성에서 오직 예수님만 전파하였고, 예수 그리스도의 이름으로 많은 이적과 기사를 행하였는데, 그 결과 많은 사람들이 예수님을 영접하였으며 그 성에는 큰 기쁨이 있었습니다. 여기서 등장하는 빌립은 예수님의 제자가 아닌 초대교회 일곱 집사 중의 한 명인 빌립 집사입니다(행 6:4).

빌립이 전도한 큰 의미는 사도가 아닌 평신도가 전도했다는 것입니다. 사마리아 전도의 시작에서 얻는 교훈은 사도가 아닌 평신도인 빌립이 전도의 사명을 가지고 복음을 전하고, 이적과 표적을 보이고, 사마리아 성에 큰 기쁨을 주었다는 것입니다.

3. 세례 받은 시몬 (8:9~13)

사마리아에 사는 시몬은 어떤 사람입니까?

그 성에 시몬이라 하는 사람이 전부터 있어 마술을 행하여 사마리아 백성을 놀라게 하며 자칭 큰 자라 하니 낮은 사람부터 높은 사람까지 다 청종하여 가로되 이 사람은 크다 일컫는 하나님의 능력이라 하더라 오래 동안 그 마술에 놀랐으므로 저희가 청종하더니(9~11절).

마술사 시몬은 깃돈 출신이지만 애굽의 철학과 마술을 배워 큰 자라는 뜻의 '마구스' 라는 칭호를 부여 받았으며 스스로 위대한 인물이라고 잘난 체 하던 사람이었습니다. 그는 자신의 마술로 사마리아 지방에서 많은 추종자들을 얻어 '크다 일컫는 하나님의 능력' 이라는 칭호를 얻게 되었습니다.

4. 빌립의 전도를 돕는 베드로와 요한 (8:14~25)

베드로와 요한이 사마리아에 가서 무엇을 위해 특별히 기도했고, 그 결과는 어떻게 되었습니까?

> 예루살렘에 있는 사도들이 사마리아도 하나님의 말씀을 받았다 함을 듣고 베드로와 요한을 보내매 그들이 내려가서 저희를 위하여 성령 받기를 기도하니 이는 아직 한 사람에게도 성령 내리신 일이 없고 오직 주 예수의 이름으로 세례만 받을 뿐이러라 이에 두 사도가 저희에게 안수하매 성령을 받는지라(14~17절).

사마리아인들이 예수를 믿고 세례를 받았으나 성령이 내리신 일이 없었으므로, 베드로와 요한은 사마리아인들이 성령받기를 기도하였습니다. 여기서의 '성령 받음' 은 다양한 성령의 은사를 체험하는 것을 의미합니다.

사마리아에 큰 부흥이 일어났다는 소식을 들은 사도들은 베드로와 요한을 파송하였습니다. 이들의 방문은 유대인과 사마리아인, 예루살렘 교회와 사마리아교회가 예수 안에서 손을 잡고 하나가 된 것을 공식적으로 선언한 중요한 의미가 있습니다.

시몬은 사도들이 안수하자 성령이 임하는 것을 보고 무엇을 간청했으며, 베드로는 어떤 반응을 보였습니까?

> 시몬이 사도들의 안수함으로 성령 받는 것을 보고 돈을 드려 가로되 이 권능을 내게도 주어 누구든지 내가 안수하는 사람은 성령을 받게 하여 주소서 하니 베드로가 가로되 네가 하나님의 선물을 돈 주고 살 줄로 생각하였으니 네 은과 네가 함께 망할지어다 하나님 앞에서 네 마음이 바르지 못하니 이 도에는 네가 관계도 없고 분깃 될 것도 없느니라 그러므로 너의 이 악함을 회개하고 주께 기도하라 혹 마음에 품은 것을 사하여 주시리라 내가 보니 너는 악독이 가득하며 불의에 매인바 되었도다 시몬이 대답하여 가로되 나를 위하여 주께 기도하여 말한 것이 하나도 내게 임하지 말게 하소서 하니라(18~24절).

시몬은 베드로와 요한이 안수함으로 사람들에게 성령이 임하는 것을 보고 돈으로 그 능력을 사려고 하였습니다(18, 19절). 베드로는 하나님의 선물을 비교하는 시몬이 돈과 함께 망할 것이라고 하면서(20, 21절) 시몬에게 악한 생각을 회개하고 주께 기도하라고 하였습니다. 그리하면 주께서 마음에 품은 것을 사하여 주실 것이라고 권면하였습니다.

마치는 말

스데반의 순교로 인해 교회가 유대와 사마리아로 흩어진 것은 몇 가지 교훈을 줍니다.

첫째, 사람은 흩어지기를 싫어하는 습성이 있습니다. 바벨탑을 쌓은 이유도 자기 이름을 내고 흩어짐을 면하기 위해서였습니다. 그러나 성령을 받은 교회는 흩어졌습니다.

둘째, 하나님은 강제로라도 교회에 일을 시키기도 하신다는 것입니다. 교회가 하나님께서 맡겨주신 사역을 스스로 감당하지 못하면 강제로라도 일을 하도록 하십니다.

셋째, 불필요한 위험은 피하는 것이 좋다는 것을 가르쳐줍니다. 초대교회는 무조건 순교하려 하지 않고 박해를 피하여 흩어져서 하나님이 원하시는 선교사역을 감당하였습니다. 위험을 피하는 것이 항상 비겁한 것은 아닙니다.

넷째, 사도들이 예루살렘을 떠나지 않고 남아있는 모범을 보였습니다. 위험을 무릅쓰고서 교회를 지키기 위한 노력입니다.

사도들은 교회를 떠나지 않음으로, 성도들은 다른 곳에서 복음을 전함으로 교회를 지켰습니다. 하나님나라와 교회를 위한 사역은 이렇게 서로 다를 수 있습니다.

나의 삶에 적용

1) 교회의 박해로 흩어진 자들이 한 일을 통해 얻는 교훈은 무엇입니까?

2) 성령세례는 무엇이며, 그 중요성은 어떤 것인지 서로 이야기 해보십시오.

제 15 과

에디오피아 내시에게 전도

■ 찬　　송 : 262, 270장
■ 성경본문 : 행 8:25~40

오늘의 말씀 〈행 8:26~29〉

26주의 사자가 빌립더러 일러 가로되 일어나서 남으로 향하여
예루살렘에서 가사로 내려가는 길까지 가라 하니 그 길은 광야
라 27일어나 가서 보니 에디오피아 여왕 간다게의 모든 국고를
맡은 큰 권세가 있는 내시가 예배하러 예루살렘에 왔다가 28돌
아가는데 병거를 타고 선지자 이사야의 글을 읽더라 29성령이
빌립더러 이르시되 이 병거로 가까이 나아가라 하시거늘

하나님의 직접적인 지시를 통해 빌립은 예루살렘 북쪽인 사마리아로부터 예루살렘 남쪽인 가사(Gaza)길로 갑니다. 광야 길로 간다는 것은 인간적으로는 고단한 일입니다. 사마리아 마을을 다니면서 복음을 전하고 있던 빌립은 광야로 가는 것이 마땅치 않을 수도 있고, 광야는 복음을 전할 곳이 아니며, 이방인의 병거로 나아가라는 명령도 따르기가 쉽지 않았을 것입니다. 그러나 빌립은 순종하고 갔습니다. 그곳에서 인간으로서는 상상할 수도 없었던 전도를 하는 경험을 하게 됩니다.

1. 빌립과 에디오피아 내시의 만남 (8:25~40)

주의 사자가 빌립에게 무엇을 지시했습니까?

주의 사자가 빌립더러 일러 가로되 일어나서 남으로 향하여 예루살렘에서 가사로 내려가는 길까지 가라 하니 그 길은 광야라(26절).

빌립이 광야에서 누구를 만났으며 그가 무엇을 하고 있었습니까?

일어나 가서 보니 에디오피아 사람 곧 에디오피아 여왕 간다게의 모든 국고를 맡은 큰 권세가 있는 내시가 예배하러 예루살렘에 왔다가 돌아가는데 병거를 타고 선지자 이사야의 글을 읽더라(27~28절).

성경에 나오는 에디오피아는 지금의 누비아(Nubia), 즉 나일강의 제1폭포(애스원에 있는)와 카르툼(수단의 수도) 사이에 있는 나일 계곡입니다. 간다게는 개인의 이름이 아니라 에디오피아의 왕가에 붙여졌던 공식 명칭이었습니다. 발굴된 유물로 보면 B.C 300년경부터 이 왕가가 존재하고 있었다고 합니다. 이 내시(재무장관)는 유대교로 개종한 에디오피아 고관이었던 것이 틀림없습니다.

빌립에게 성령은 어떤 명령을 하였으며, 빌립은 어떤 말을 하였습니까?

> 성령이 빌립더러 이르시되 이 병거로 가까이 나아가라 하시거늘 빌립이 달려가서 선지자 이사야의 글 읽는 것을 듣고 말하되 읽는 것을 깨닫느뇨(29~30절).

성령께서는 빌립에게 병거로 가까이 나아가라고 하셨습니다. 그래서 빌립은 병거로 달려가서 이사야의 글 읽는 것을 듣고 내시에게 그 말씀을 깨달을 수 있느냐고 물었습니다. 여기서 우리는 두 가지 은혜를 깨닫게 됩니다. 첫째는 하나님께서 한 영혼을 소홀히 여기시지 않는다는 것과, 둘째로 명령받은 빌립의 적극적인 순종의 모습입니다.

내시가 성경을 읽으면서도 그 내용을 이해하지 못했습니다. 왜 그것을 풀지 못하고 있었습니까?

> 대답하되 지도하는 사람이 없으니 어찌 깨달을 수 있느뇨 하고 빌립을 청하여 병거에 올라 같이 앉으라 하니라(31절).

내시가 읽고 있던 성경은 이사야 53장 7~8절 부분이었습니다. 내시는 빌립의 질문에 "가르쳐주는 사람이 없는데 제가 어찌 이해할 수 있겠습니까?"라고 대답했습니다.

내시가 읽고 있던 성경은 헬라어로 번역된 구약의 이사야서의 고난의 종 메시아를 예언하고 있는 53장 부분이었습니다. 이 말씀의 핵심은 무엇입니까?

> 읽는 성경 귀절은 이것이니 일렀으되 저가 사지로 가는 양과 같이 끌리었고 털 깎는 자 앞에 있는 어린 양의 잠잠함과 같이 그 입을 열지 아니하였도다 낮을 때에 공변된 판단을 받지 못하였으니 누가 가히 그 세대를 말하리요 그 생명이 땅에서 빼앗김이로다 하였거늘 … 빌립이 입을 열어 이 글에서 시작하여 예수를 가르쳐 복음을 전하니(32~33, 35절).

예수 그리스도는 공정한 심판을 받지 못하고 그를 죽이기 위한 각종 모략에도 일언반구 변명을 하지 않으시고 십자가에서 사형당하였지만 그 결과 우리는 영생을 얻게 되었습니다.

빌립을 통해 예수에 대한 복음을 듣고 나서 내시가 세례 받는 것을 자청하고 나선 것을 보아 어떤 변화가 있었다고 생각하십니까?

> 길 가다가 물 있는 곳에 이르러 내시가 말하되 보라 물이 있으니 내가 세례를 받음에 무슨 거리낌이 있느뇨(36절).

성경의 원문인 어떤 사본 중에는 우리 성경에 빠져있는 37절을 다음과 같이 기록하고 있습니다. "빌립이 가로되 네가 마음을 온전히 하여 믿으면 가하니라 대답하여 가로되 내가 예수 그리스도께서 하나님의 아들인 줄 믿노라."

세례를 받자마자 빌립은 보이지 않았습니다. 그러나 내시는 전혀 다른 사람이 되어 남은 여행을 계속했습니다. 어떻게 알 수 있습니까?

> 둘이 물에서 올라갈새 주의 영이 빌립을 이끌어 간지라 내시는 혼연히 길을 가므로 그를 다시 보지 못하니라(39절).

… 흔연(기쁠欣, 기쁠然) ~ 마음에 흐뭇해하는 모습.

구원은 기쁨을 안겨줍니다. 에디오피아 내시처럼 기쁨이 충만한 모습을 통해서 구원받았다는 것과 성령의 사람이 되었다는 것을 확인할 수 있습니다.

마치는 말

사마리아 성에서 큰 부흥을 일으켰던 빌립이 광야에서 에디오피아 내시를 만나 전도하게 된 사건은 유대인이 이방인을 찾아가 복음을 전하고 믿게 한 첫 번째 사례였기에 매우 중요한 의미가 있습니다. 복음이 사마리아의 장벽을 넘어 땅 끝에 있는 이방인에게까지 흘러가기 시작한 것이기 때문입니다. 성령께서 하나님의 종들을 통하여 얼마나 빈틈없이 일하고 계시는지를 보여주는 장면입니다.

나의 삶에 적용

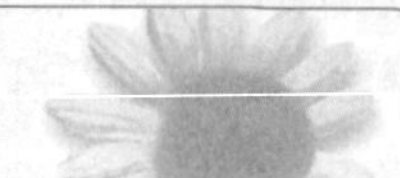

1) 빌립의 순종과 당신의 신앙자세를 비교하고 점검해보십시오.

2) 전도와 선교에 대한 바른 자세에 대해 이야기해보십시오.

제 16 과

사울의 회심

■ 찬 송 : 204, 206장
■ 성경본문 : 행 9:1~22

오늘의 말씀 〈행 9:3~6〉

3사울이 행하여 다메섹에 가까이 가더니 홀연히 하늘로서 빛이
저를 둘러 비추는지라 4땅에 엎드러져 들으매 소리 있어 가라사
대 사울아 사울아 네가 어찌하여 나를 핍박하느냐 하시거늘 5대
답하되 주여 뉘시오니이까 가라사대 나는 네가 핍박하는 예수
라 6네가 일어나 성으로 들어가라 행할 것을 네게 이를 자가 있
느니라 하시니

유대인들이 교회를 핍박할 때 앞장섰던 사울은 살기가 등등하여 다메섹에 있는 성도들을 잡아오려고 대제사장에게서 공문을 받아 다메섹으로 향했습니다. 다메섹에 거의 다 왔을 때 주님이 사울에게 나타나셨고, 하늘에서 빛이 사울을 둘러 비취고 사울은 땅에 엎드러졌습니다. 그리고 하늘에서 "사울아, 사울아 네가 왜 나를 핍박하느냐?"라는 음성이 들렸습니다. 사울이 누구시냐고 묻자 "나는 네가 핍박하는 예수다"라고 대답하셨습니다.

1. 다메섹 도상의 사울 (9:1~9)

스데반을 죽인 후에도 예수의 제자들에 대한 감정을 버리지 않았던 사울이 계획한 음모는 무엇입니까?

> 사울이 주의 제자들을 대하여 여전히 위협과 살기가 등등하여 대제사장에게 가서 다메섹 여러 회당에 갈 공문을 청하니 이는 만일 그 도를 좇는 사람을 만나면 무론남녀하고 결박하여 예루살렘으로 잡아 오려 함이라(1~2절).

사울이 그리스도인들을 색출하기 위해 어느 도시를 택하였습니까?

> 다메섹 여러 회당에 갈 공문을 청하니 이는 만일 그 도를 좇는 사람을 만나면 무론남녀하고 결박하여 예루살렘으로 잡아 오려 함이라(2절).

다메섹은 세계에서 가장 오래된 도시의 하나였고, 수리아 지방의 수도였습니다. B.C. 2,000년경부터 이 도시가 있었다고 합니다. 특히 초대교회 당시 다메섹에는 유대인들이 모여들어 유대인 촌을 따로 형성하고 있었습니다.

사울이 다메섹으로 향하던 길에서 어떤 일이 있었습니까?

> 사울이 행하여 다메섹에 가까이 가더니 홀연히 하늘로서 빛이 저를 둘러 비추는지라 땅에 엎드러져 들으매 소리 있어 가라사대 사울아 사울아 네가 어찌하여 나를 핍박하느냐 하시거늘 대답하되 주여 뉘시오니이까 가라사대 나는 네가 핍박하는 예수라 네가 일어나 성으로 들어가라 행할 것을 네게 이를 자가 있느니라 하시니 같이 가던 사람들은 소리만 듣고 아무도 보지 못하여 말을 못하고 섰더라 사울이 땅에서 일어나 눈은 떴으나 아무 것도 보지 못하고 사람의 손에 끌려 다메섹으로 들어가서 사흘 동안을 보지 못하고 식음을 전폐하니라(3~9절).

첫째, 대제사장의 공문을 갖고 다메섹으로 향하던 사울은 빛과 음성으로 나타나신 예수 그리스도로 인하여 마음이 뿌리째 흔들리고 말았습니다.

둘째, 이제까지 사울은 예수라는 사람을 단순히 나사렛 목수의 아들로 사람들을 미혹하는 사교의 교주 정도로만 생각했는데 진실로 그가 하나님의 아들이며 메시야가 되심을 발견했던 것입니다.

셋째, 사울의 이 체험은 매우 극적인 것이었으며 그것은 곧 세계 역사의 엄청난 변화를 몰고 왔습니다.

넷째, 이와 같은 상황을 볼 때 우리는 외형적으로 나타나는 모습을 기준으로 사람들을 판단 할 수 없음을 알 수 있습니다.

다섯째, 아무리 흉악한 사람이라고 할지라도 하나님께서 택하시면 사울과 같은 극적인 변화를 가져올 수 있습니다.

여섯째, 그렇기 때문에 우리는 어떤 사람이든지 겉으로 판단하지 말고(삼상 16:7) 복음을 전해야 합니다(롬 1:14, 15).

사울이 길바닥에 꼬꾸라지는 모습을 상상해보십시오. 눈을 뜨지 못하고 보지도 못하는 시각장애인이 되어 사람들의 손에 끌려가는 사울의 초라한 모습을 볼 수 있습니다. 사울을 불러 사용하시기 위한 하나님의 역사였습니다.

2. 아나니아의 안수 (9:10~19)

주님은 사울을 위해 누구를 예비하셨습니까?

그 때에 다메섹에 아나니아라 하는 제자가 있더니 주께서 환상 중에 불러 가라사대 아나니아야 하시거늘 대답하되 주여 내가 여기 있나이다 하니 주께서 가라사대 일어나 직가라 하는 거리로 가서 유다 집에서 다소 사람 사울이라 하는 자를 찾으라 저가 기도하는 중이다 저가 아나니아라 하는 사람이 들어와서 자기에게 안수하여 다시 보게 하는 것을 보았느니라 하시거늘 (10~12절).

…아나니아는 히브리어 〈하나냐〉의 헬라어 음역으로 '여호와는 은혜로우시다.' 라는 뜻을 갖고 있습니다.

주님께서 사울을 부르신 목적은 어디에 있습니까?

주께서 가라사대 가라 이 사람은 내 이름을 이방인과 임금들과 이스라엘 자손들 앞에 전하기 위하여 택한 나의 그릇이라 그가 내 이름을 위하여 해를 얼마나 받아야 할 것을 내가 그에게 보이리라 하시니(15~16절).

아나니아가 안수하자 사울이 어떤 은혜를 받았습니까?

아나니아가 떠나 그 집에 들어가서 그에게 안수하여 가로되 형제 사울아 주 곧 네가 오는 길에서 나타나시던 예수께서 나를 보내어 너로 다시 보게 하시고 성령으로 충만하게 하신다 하니 즉시 사울의 눈에서 비늘 같은 것이 벗어져 다시 보게 된지라 일어나 세례를 받고 음식을 먹으매 강건하여지니라 사울이 다메섹에 있는 제자들과 함께 며칠 있을쌔(17~19절).

아나니아는 안수를 받고 눈에서 비늘 같은 것이 벗어져 다시 보게 되었습니다. 그래서 그는 세례를 받고 음식을 섭취하여 강건해졌습니다.

3. 다메섹에서 전도하는 사울 (9:19~22)

사울은 회복하고 나서 즉시 어떤 일을 하였습니까?

> 음식을 먹으매 강건하여지니라 사울이 다메섹에 있는 제자들과 함께 며칠 있을쌔 즉시로 각 회당에서 예수의 하나님의 아들이심을 전파하니 듣는 사람이 다 놀라 말하되 이사람이 예루살렘에서 이 이름 부르는 사람을 잔해 하던 자가 아니냐 여기 온 것도 저희를 결박하여 대제사장들에게 끌어가고자 함이 아니냐 하더라 사울은 힘을 더 얻어 예수를 그리스도라 증명하여 다메섹에 사는 유대인들을 굴복시키니라(19~22절).

사울은 눈이 떠지고 건강을 회복한 즉시 회당에서 예수 그리스도가 하나님의 아들이심을 전파하였습니다. 그리스도를 영접한 뒤 사울의 태도는 완전히 변하여 자신이 이제까지 핍박하던 예수님을 유대인들에게 전하면서 교회를 부흥 시켰습니다.

마치는 말

사울은 다메섹 도상에서 주님을 만남으로 완전히 변화되었습니다. 여기서 바울은 주님을 만났고, 신비한 음성을 들었으며, 눈이 멀었다가 낫는 기적을 체험합니다. 그러나 이런 기적의 체험은 사도 바울이 되는 변화에 비하면 아무 것도 아닙니다.

설교를 듣고 하나님의 음성을 듣는 체험을 하며 감격의 눈물을 흘려도 신앙과 삶이 변하지 않으면 아무 것도 아닙니다. 설교에 감동만 받은 것이 됩니다. 죽을병에서 기적적으로 살아나도 그로 인해 예수님을 믿게 되지도 않고, 삶이 변화되지도 않는다면 무슨 유익이 있겠습니까? 몇 년 더 살다가 죽기는 마찬가지가 아닙니까? 주님이 우리를 만나시는 것은 믿음과 삶을 변화시키기 위해서입니다. 우리는 체험을 자랑하거나 기뻐할 것이 아니라 삶의 변화와 신앙의 성숙을 기뻐해야 합니다.

나의 삶에 적용

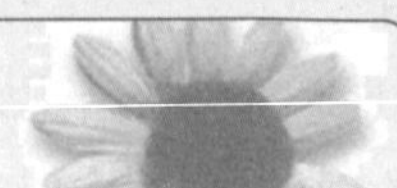

1) 바울은 하나님을 위해 교회를 핍박했는데 알고 보니 교회가 바로 하나님의 백성이었고, 비난했던 예수가 메시아였습니다. 이것을 알게 된 사울은 어떠했을까요?

2) 주님이 사울을 택한 이유는 무엇이라고 생각하십니까?

제 17 과

다비다를 살린 베드로

■ 찬　송 : 528, 410장
■ 성경본문 : 행 9:23~43

오늘의 말씀 〈행 9:31~34〉

31그리하여 온 유대와 갈릴리와 사마리아 교회가 평안하여 든든
히 서 가고 주를 경외함과 성령의 위로로 진행하여 수가 더 많
아지니라 32때에 베드로가 사방으로 두루 행하다가 룻다에 사는
성도들에게도 내려왔더니 33거기서 애니아라 하는 사람을 만나
매 그가 중풍 병으로 상 위에 누운 지 팔 년이라 34베드로가 가
로되 애니아야 예수 그리스도께서 너를 낫게 하시니 일어나 네
자리를 정돈하라 한 대 곧 일어나니

들어오게 된 사울은 예루살렘에서도 담대히 복음을 전했습니다. 그는 자기가 훈련받은 모든 것을 동원하여 선교하였는데, 특히 사도들이 잘 할 수 없었던 헬라파 유대인들에게 복음을 전한 것입니다. 사울의 사역은 헬라파 유대인들에게 선교를 하다가 순교한 스데반을 생각나게 만듭니다. 사울도 선교를 하다가 살해의 위협을 받는데, 이것은 스데반의 죽음과 동시에 후계자를 준비하신 하나님의 섭리를 기억하게 합니다.

1. 예루살렘에서 전도하는 사울 (9:23~31)

사울이 다메섹에 머물고 있을 때 어떤 위험한 일이 있었습니까?

> 여러 날이 지나매 유대인들이 사울 죽이기를 공모하더니 그 계교가 사울에게 알려지니라 저희가 그를 죽이려고 밤낮으로 성문까지 지키거늘 그의 제자들이 밤에 광주리에 사울을 담아 성에서 달아내리니라(23~25절).

사울이 다메섹에 계속 머물기에는 너무나 위험했습니다. 벌써부터 사울은 어디를 가든지 자기 동족으로부터 생명의 위협을 당하며 쫓겨 다녀야 하는 험난한 인생을 살기 시작했던 것입니다.

변화된 사울이 예루살렘에 가서 제자들을 사귀고자 했을 때 그들은 어떤 반응을 보였으며, 누가 어떤 도움을 주었습니까?

> 사울이 예루살렘에 가서 제자들을 사귀고자 하나 다 두려워하여 그의 제자 됨을 믿지 아니하니 바나바가 데리고 사도들에게 가서 그가 길에서 어떻게 주를 본 것과 주께서 그에게 말씀하신 일과 다메섹에서 그가 어떻게 예수의 이름으로 담대히 말하던 것을 말하니라(26~27절).

바나바가 사도들에게 사울을 소개하는 장면에서 바나바의 위대함과 착하고 온유한 모습을 볼 수 있습니다. 예루살렘의 모든 성도들이 사울을 믿지 못하고 꺼릴 때에 바나바는 적극적으로 사울을 소개하여 교회에 들어와 사역할 수 있도록 도와주었습니다. 아마도 바나바의 도움이 없었다면 위대한 사도 바울도 없었을 것입니다.

사울이 제자들과 함께 있으면서 예루살렘에서 한 일은 무엇이며, 어떤 일이 있었습니까?

> 사울이 제자들과 함께 있어 예루살렘에 출입하며 또 주 예수의 이름으로 담대히 말하고 헬라파 유대인들과 함께 말하며 변론하니 그 사람들이 죽이려고 힘쓰거늘 형제들이 알고 가이사랴로 데리고 내려가서 다소로 보내니라(28~30절).

사울은 예루살렘에서 예수님의 이름을 담대히 전하고 헬라와 유대인들과 변론하므로 그들이 사울을 죽이려 힘썼습니다. 그래서 사울은 믿음의 형제들에 의해 가이사랴를 거쳐 고향인 다소로 내려가게 되었습니다.

사울이 회개하자 교회는 어떻게 되었습니까?

그리하여 온 유대와 갈릴리와 사마리아 교회가 평안하여 든든히 서 가고 주를 경외함과 성령의 위로로 진행하여 수가 더 많아지니라(31절).

2. 애니아의 치유 (9:32~35)

베드로가 룻다에서 어떤 일을 행하였습니까?

때에 베드로가 사방으로 두루 행하다가 룻다에 사는 성도들에게도 내려갔더니 거기서 애니아라 하는 사람을 만나매 그가 중풍 병으로 상 위에 누운 지 팔년이라 베드로가 가로되 애니아야 예수 그리스도께서 너를 낫게 하시니 일어나 네 자리를 정돈하라 한대 곧 일어나니 룻다와 사론에 사는 사람들이 다 그를 보고 주께로 돌아가니라(32~35절).

… 룻다는 사마리아성과 예루살렘 중간지점으로 지중해 연안에서 13km 정도 떨어져 있었습니다. 거기서 성도들을 만난 다음 지중해 연안 항구인 욥바로 갔습니다.

3. 다시 살게 된 도르가 (9:36~43)

욥바의 도르가는 어떤 사람이었으며, 도르가가 병들어 죽고 나서 어떤 일들이 일어났습니까?

> 욥바에 다비다라 하는 여 제자가 있으니 그 이름을 번역하면 도르가라 선행과 구제하는 일이 심히 많더니 그 때에 병들어 죽으매 시체를 씻어 다락에 뉘우니라 룻다가 욥바에 가까운지라 제자들이 베드로가 거기 있음을 듣고 두 사람을 보내어 지체 말고 오라고 간청하니 베드로가 일어나 저희와 함께 가서 이르매 저희가 데리고 다락에 올라가니 모든 과부가 베드로의 곁에 서서 울며 도르가가 저희와 함께 있을 때에 지은 속옷과 겉옷을 다 내어 보이거늘 베드로가 사람을 다 내어보내고 무릎을 꿇고 기도하고 돌이켜 시체를 향하여 가로되 다비다야 일어나라 하니 그가 눈을 떠 베드로를 보고 일어나 앉는지라 베드로가 손을 내밀어 일으키고 성도들과 과부들을 불러들여 그의 산 것을 보이니(36~41절).

도르가는 언제나 착한 일을 하고, 가난한 사람들을 돕는 일에 힘쓰는 사람이었습니다. 이런 도르가가 병들어 죽자 사람들은 베드로를 청하고, 베드로는 죽은 도르가를 살렸습니다.

도르가(다비다)가 죽었다가 살아난 기적과, 그 기적을 통하여 많은 사람들이 예수를 믿게 된 것은 그녀를 위해 애쓴 성도들과 베드로의 믿음 때문이었습니다. 욥바 사람들이 도르가를 그냥 장사지내지 않고 살리려고 한 것은 살릴 수 있다는 믿음보다는 도르가의 깊은 정과 큰 도움의 손길이 계속 필요했기 때문일 것입니다.

주님께서 베드로를 통하여 애니아를 고치시고, 도르가를 살리신 기적의 목적은 무엇이라고 생각합니까?

> 룻다와 사론에 사는 사람들이 다 그를 보고 주께로 돌아가니라(35절).
> 온 욥바 사람이 알고 많이 주를 믿더라(42절).

마치는 말

잘못된 길에서 돌이켜 예수님을 믿게 되자마자 열정적으로 복음을 전하는 사울의 모습은 우리에게 모범을 보여줍니다. 사울은 가는 곳마다 목숨의 위협을 느낄 정도로 강력하고 열정적인 선교를 했습니다. 하나님께서 사울을 준비시키신 것입니다. 우리가 예수 믿기 전에 배우고 경험한 모든 것들도 하나님의 섭리 속에 하나님나라를 위한 훈련인 것을 알아야 합니다. 또한 진리를 거스르고 주님을 배반하며 피해서는 안 된다는 것도 배워야 합니다. 아무도 사울을 믿지 못할 때 믿고 도와준 바나바의 모습에서 이웃을 이해하고 격려하는 착하고 온유함을 배울 수 있습니다.

나의 삶에 적용

1) 바나바의 행동을 통해서 배운 점이 있다면 이야기해보십시오.

2) 베드로의 기적을 통해서 교회가 부흥되는 모습들이 주는 교훈은 무엇입니까?

제 18 과

고넬료 가정의 구원

■ 찬　　송 : 318, 324장
■ 성경본문 : 행 10:1~48

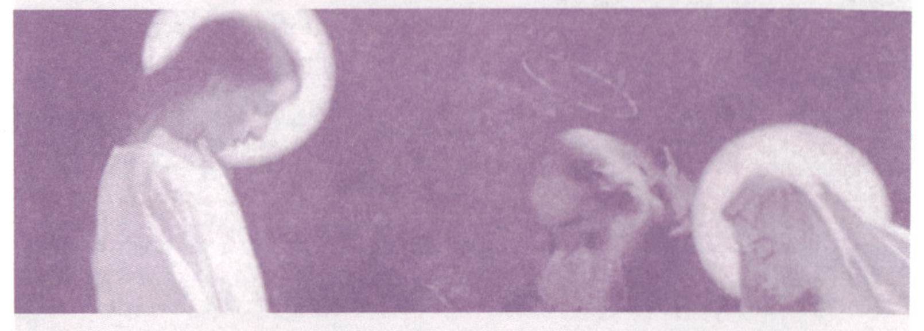

오늘의 말씀 〈행 10:44~47〉

44베드로가 이 말할 때에 성령이 말씀 듣는 모든 사람에게 내려
오시니 45베드로와 함께 온 할례받은 신자들이 이방인들에게도
성령 부어주심을 인하여 놀라니 46이는 방언을 말하며 하나님
높임을 들음이러라 47이에 베드로가 가로되 이 사람들이 우리와
같이 성령을 받았으니 누가 능히 물로 세례 줌을 금하리요 하
고

하나님은 베드로와 고넬료에게 보여준 두 가지 환상을 통해 이방인 선교의 중요성을 가르쳐주고 있습니다. 그 당시에 이방인선교는 베드로뿐만 아니라 많은 사람들에게 충격적이고 받아들이기 어려운 것이었기 때문에 하나님은 여러 가지 말씀으로 가르쳐주셨고, 환상을 통해 다시 확신을 시켜주신 것입니다.

1. 고넬료의 환상 (10:1~8)

고넬료는 어떤 사람이었습니까?

> 가이사랴에 고넬료라 하는 사람이 있으니 이달리야대라 하는 군대의 백부장이라 그가 경건하여 온 집으로 더불어 하나님을 경외하며 백성을 많이 구제하고 하나님께 항상 기도하더니(1~2절).

고넬료는 '이탈리아 부대' 인 로마군대의 백부장이었고 경건하여 하나님을 경외하며 백성을 구제하는 사람이었습니다. 이탈리아 군대는 가이사랴에 주둔하였고 당시 군대 중 하나로 특히 이탈리아 출신의 지원병으로 구성된 로마의 군대였습니다.

고넬료의 환상 중에 나타난 천사는 어떤 말을 했습니까?

> 하루는 제 구시쯤 되어 환상 중에 밝히 보매 하나님의 사자가 들어와 가로되 고넬료야 하니 고넬료가 주목하여 보고 두려워

가로되 주여 무슨 일이니이까 천사가 가로되 네 기도와 구제가 하나님 앞에 상달하여 기억하신 바가 되었으니 네가 지금 사람들을 욥바에 보내어 베드로라 하는 시몬을 청하라 저는 피장 시몬의 집에 우거하니 그 집은 해변에 있느니라 하더라(3~6절).

2. 베드로의 환상 (10:9~23)

욥바에 머물고 있던 베드로에게 어떤 일이 있었습니까?

이튿날 저희가 행하여 성에 가까이 갔을 그 때에 베드로가 기도하려고 지붕에 올라가니 시간은 제 육시더라 시장하여 먹고자 하매 사람이 준비할 때에 비몽사몽간에 하늘이 열리며 한 그릇이 내려오는 것을 보니 큰 보자기 같고 네 귀를 매어 땅에 드리웠더라 그 안에는 땅에 있는 각색 네 발 가진 짐승과 기는 것과 공중에 나는 것들이 있는데 또 소리가 있으되 베드로야 일어나 잡아 먹으라 하거늘 베드로가 가로되 주여 그럴 수 없나이다 속되고 깨끗지 아니한 물건을 내가 언제든지 먹지 아니하였삽나이다 한대 또 두 번째 소리 있으되 하나님께서 깨끗케 하신 것을 네가 속되다 하지 말라 하더라 이런 일이 세 번 있은 후 그 그릇이 곧 하늘로 올리워 가니라(9~16절).

베드로는 비몽사몽간에 하늘에서 내려온 보자기를 보았는데 그 속에 각종 부정한 짐승과 곤충이 있었고 또 소리가 들리기를 그것을 잡아먹으라고 하셨습니다. 그때 베드로는 부정한 것은 먹지 못하겠다고 했는데, 하나님께서 깨끗하게 하신 것을 속된 것이라 하지 말라는 음성이 들려 왔습니다. 이런 일이 세 번 반복된 다음 보자기가 하늘로 올라갔습니다. 베드로에게 이런 환상을 보이신 것은 당시 유대인들의 폐쇄적인 차별의식을 깨닫게 하시고자 위함이었다.

베드로처럼 우리들에게도 차별의식이 있는지 살펴보아야 합니다. 잘 살고 못 사는 것, 배우고 못 배운 것, 잘나고 못난 것, 선하고 악한 것 등 여러 가지 조건을 내세워 가까이 하기도 하고, 멀리 하기도 하며, 복음을 전하기도 하고 전하지 않기도 하는 잘못을 범하고 있지는 않은지 확인해야 합니다.

베드로가 환상의 의미를 깨닫지 못할 때 성령께서 어떻게 알려주셨습니까?

> 베드로가 본바 환상이 무슨 뜻인지 속으로 의심하더니 마침 고넬료의 보낸 사람들이 시몬의 집을 찾아 문 밖에 서서 불러 묻되 베드로라 하는 시몬이 여기 우거하느냐 하거늘 베드로가 그 환상에 대하여 생각할 때에 성령께서 저더러 말씀하시되 두 사람이 너를 찾으니 일어나 내려가 의심치 말고 함께 가라 내가 저희를 보내었느니라 하시니(17~20절).

첫째, 성령께서는 고넬료가 파송한 종들을 만나 그들과 함께 가라고 하셨습니다.

둘째, 베드로가 환상의 의미에 대하여 고민하고 있을 때 그에게 허락된 최초의 응답은 "두 사람이 너를 찾으니"라는 말이었습니다.

셋째, 성령께서는 순간적으로 그들의 방문과 베드로의 환상을 연결시켜 주신 것이었습니다.

넷째, 그리고 베드로에게 "내가 저를 보내었느니라"고 말씀하시면서 두려움 없이, 주저하지 말고 즉시 가라고 하셨습니다.

3. 고넬료와 베드로의 상면 (10:24~33)

베드로가 도착하자 고넬료는 어떻게 그를 맞이했으며, 베드로는 왜 그를 만류했습니까?

> 이튿날 가이사랴에 들어가니 고넬료가 일가와 가까운 친구들을 모아 기다리더니 마침 베드로가 들어올 때에 고넬료가 맞아 발 앞에 엎드리어 절하니 베드로가 일으켜 가로되 일어서라 나도 사람이라 하고(24~26절).

여기서 "발 앞에 엎드리어"는 베드로를 하나님의 사자로 정중히 맞이하는 자세이며, "절하니"는 종교적인 숭배의 자세가 아닌 베드로 사도에 대한 깊은 존경의 표시였습니다.

베드로는 고넬료의 부름에 응하게 된 이유를 무엇이라고 하였으며, 고넬료는 베드로를 왜 불렀다고 이야기하고 있습니까?

> 더불어 말하며 들어가 여러 사람의 모인 것을 보고 이르되 유대인으로서 이방인을 교제하는 것과 가까이 하는 것이 위법인 줄은 너희도 알거니와 하나님께서 내게 지시하사 아무도 속되다 하거나 깨끗지 않다 하지 말라 하시기로 부름을 사양치 아니하고 왔노라 묻노니 무슨 일로 나를 불렀느뇨(27~29절).

고넬료가 가로되 나흘 전 이맘때까지 내 집에서 제 구 시 기도를 하는데 홀연히 한 사람이 빛난 옷을 입고 내 앞에 서서 말하되 고넬료야 하나님이 네 기도를 들으시고 네 구제를 기억하셨으니 사람을 욥바에 보내어 베드로라 하는 시몬을 청하라 저가 바닷가 피장 시몬의 집에 우거하느니라 하시기로 내가 곧 당신에게 사람을 보내었더니 오셨으니 잘하였나이다 이제 우리는 주께서 당신에게 명하신 모든 것을 듣고자 하여 다 하나님 앞에 있나이다(30~33절).

베드로는 유대인과 이방인의 교제는 율법에 비추어 볼 때 위법이지만 하나님께서 깨끗하다고 하신 것은 속되다 말할 수 없기에 부름에 응하였다고 이유를 밝혀주며(27~29절), 고넬료는 주께서 베드로 사도에게 명하신 모든 것을 듣고자 불렀다고 하였습니다(30~33절).

4. 베드로의 말씀 증거 (10:34~43)

베드로가 전한 말씀은 어떤 내용이었습니까?

만유의 주되신 예수 그리스도로 말미암아 화평의 복음을 전하사 이스라엘 자손들에게 보내신 말씀(36절).

베드로가 설교 중에 나사렛 예수에게 하나님께서 성령을 "기름 붓듯" 하신 것을 언급한 것은 어떤 의미에서입니까?

하나님이 나사렛 예수에게 성령과 능력을 기름 붓듯 하셨으매

> 저가 두루 다니시며 착한 일을 행하시고 마귀에게 눌린 모든 자를 고치셨으니 이는 하나님이 함께 하셨음이라(38절).

첫째, 베드로가 예수께 대하여 '기름 부음'을 언급한 것은 그를 하나님의 그리스도로 나타내기 위해 반드시 필요한 것이었습니다.

둘째, 이런 표현은 이미 구약에 언급되어 있고(사 61:1) 신약에서도 이를 인용하고 있습니다.

예수 그리스도의 죽음과 부활의 사실성에 대하여 베드로는 어떻게 설명하였습니까?

> 우리는 유대인의 땅과 예루살렘에서 그의 행하신 모든 일에 증인이라 그를 저희가 나무에 달아 죽였으나 하나님이 사흘 만에 다시 살리사 나타내시되 모든 백성에게 하신 것이 아니요 오직 미리 택하신 증인 곧 죽은 자 가운데서 일어나신 후 모시고 음식을 먹은 우리에게 하신 것이라(39~41절).

먼저 그는 자신과 함께 여러 사람들이 예수의 행하신 일을 목격한 증인이며, 다음에는 사람들이 예수를 십자가에 죽게 했으나 하나님께서 사흘 만에 그를 살리사 미리 택하신 당신의 증인들에게 나타나게 하셨다고 설명했습니다.

죽음을 이기고 부활하신 예수 그리스도께서 우리에게 무엇을 명령하셨습니까?

> 우리를 명하사 백성에게 전도하되 하나님이 산 자와 죽은 자의

> 재판장으로 정하신 자가 곧 이 사람인 것을 증거하게 하셨고 (42절).

첫째, 그분께서는 우리에게 하나님께서 자신을 산 자와 죽은 자의 재판장으로 세우셨음을 전하라고 명령하셨습니다.

둘째, 본 절은 베드로 설교의 결론 부분으로서 모든 믿는 사람들에게 전도자로서의 사명이 있음을 가르쳐 줍니다.

5. 이방인들이 성령을 받음 (10:44~48)

베드로가 복음을 전할 때 어떤 일이 일어났습니까?

> 베드로가 이 말 할 때에 성령이 말씀 듣는 모든 사람에게 내려오시니 베드로와 함께 온 할례 받은 신자들이 이방인들에게도 성령 부어 주심을 인하여 놀라니 이는 방언을 말하며 하나님 높임을 들음이러라 이에 베드로가 가로되 이 사람들이 우리와 같이 성령을 받았으니 누가 능히 물로 세례 줌을 금하리요 하고 명하여 예수 그리스도의 이름으로 세례를 주라 하니라 저희가 베드로에게 수일 더 유하기를 청하니라(44~48절).

주님께서 고넬료 집에서 시작된 가이사랴 교회에 예루살렘 교회와 똑같은 형태로 성령을 부어주신 이유는 무엇입니까? 하나님은 유대인과 이방인을 차별하지 않으시고 구원하신다는 것을 분명히 가르쳐주시기 위해서였습니다.

마치는 말

성령의 지시를 따라 고넬료의 집을 방문한 베드로는 예수 그리스도의 복음을 전하였습니다. 베드로가 설교할 때 성령이 모든 사람에게 임하셨고, 말씀 듣던 사람들이 다 구원을 받고 이방인교회가 탄생했습니다. 이방인에게 성령이 임하시는 것을 본 베드로와 유대인 형제들은 이방인선교가 분명히 하나님의 뜻임을 알고 그들에게 세례를 베풀게 됩니다.

나의 삶에 적용

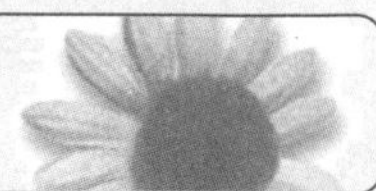

1) 고넬료는 어떠한 인품과 신앙을 가졌는지에 대해서 이야기해 보십시오.

2) 베드로가 품었던 생각과 우리가 가진 생각의 같은 점과 다른 점은 무엇입니까?

제 19 과

안디옥 교회의 탄생

■ 찬　송 : 253, 246장
■ 성경본문 : 행 11:1~30

오늘의 말씀 〈행 11:24~26〉

24바나바는 착한 사람이요 성령과 믿음이 충만한 자라 이에 큰
무리가 주께 더하더라 25바나바가 사울을 찾으러 다소에 가서 26
만나매 안디옥에 데리고 와서 둘이 교회에 일 년간 모여 있어
큰 무리를 가르쳤고 제자들이 안디옥에서 비로소 그리스도인이
라 일컬음을 받게 되었더라.

제자들은 예수님을 모시고 다니면서 복음이 온 세상에 전파되어야 하고, 하나님은 유대인만 아니라 이방인까지 구원하시기를 원하신다는 말씀을 여러 차례나 들었던 사람들입니다. 그리고 성령을 받으면 땅 끝까지 나가서 복음을 전해야 한다는 것도 알고 있었습니다. 그런데 막상 이방인인 고넬료 집안이 구원을 받았다는 소식을 듣자 화를 내고 흥분했습니다. 주님의 말씀을 많이 들었지만 귓전으로 들었든지, 자신의 생각이나 고집이 살아있었던 것입니다.

1. 베드로의 변론 (11:1~18)

베드로가 오기 전에 유대에 있는 사도들과 형제들은 어떤 소문을 들었으며, 무엇을 가지고 베드로를 비난하기 시작했습니까?

> 유대에 있는 사도들과 형제들이 이방인들도 하나님 말씀을 받았다 함을 들었더니 베드로가 예루살렘에 올라갔을 때에 할례자들이 힐난하여 가로되 네가 무할례자의 집에 들어가 함께 먹었다 하니 (1~3절).

베드로는 자기를 향해 비난하는 사람들에게 어떻게 설명했는지 간략하게 요약해보십시오.

> 가로되 내가 욥바 성에서 기도할 때에 비몽사몽간에 환상을 보니 큰 보자기 같은 그릇을 네 귀를 매어 하늘로부터 내리워 내 앞에까지 드리우거늘 이것을 주목하여 보니 땅에 네 발 가진 것과 들짐승과 기는 것과 공중에 나는 것들이 보이더라 또 들

으니 소리 있어 내게 이르되 베드로야 일어나 잡아먹으라 하거늘 내가 가로되 주여 그럴 수 없나이다 속되거나 깨끗지 아니한 물건은 언제든지 내 입에 들어간 일이 없나이다 하니 … 마침 세 사람이 내 우거한 집 앞에 섰으니 가이사랴에서 내게로 보낸 사람이라 … 내가 말을 시작할 때에 성령이 저희에게 임하시기를 처음 우리에게 하신 것과 같이 하는지라 내가 주의 말씀에 요한은 물로 세례를 주었으나 너희는 성령으로 세례 받으리라 하신 것이 생각났노라 그런즉 하나님이 우리가 주 예수 그리스도를 믿을 때에 주신 것과 같은 선물을 저희에게도 주셨으니 내가 누구관대 하나님을 능히 막겠느냐 하더라 저희가 이 말을 듣고 잠잠하여 하나님께 영광을 돌려 가로되 그러면 하나님께서 이방인에게도 생명 얻는 회개를 주셨도다 하니라(4~18절).

베드로는 자신도 처음에 율법적 태도에 얽매여 있었으나 하나님께서 환상 가운데 그것보다 더 중요한 것을 가르쳐 주셨다고 하였습니다. 즉 하나님께서 깨끗하다고 하신 것을 사람이 부정하다고 할 수 없으며, 이같이 하나님께서 고넬료와 그 가족들을 정결케 하셨으므로 베드로는 그들과 복음을 전하고 식탁을 같이 하였다고 설명하였습니다.

베드로는 예루살렘에서 가장 권위 있는 지도자였습니다. 자기의 권위를 가지고 "내가 알아서 한 일인데 무슨 말이 많아?"라고 할 수도 있었지만, 자초지종을 자세히 설명하고 있는 자세는 우리가 배워야 할 모습입니다.

2. 안디옥 교회 (11:19~26)

스데반으로 인해 일어난 환난을 피해 사방으로 흩어진 사람들을 통해 어떤 역사가 일어났습니까?

> 때에 스데반의 일로 일어난 환난을 인하여 흩어진 자들이 베니게와 구브로와 안디옥까지 이르러 도를 유대인에게만 전하는데 그 중에 구브로와 구레네 몇 사람이 안디옥에 이르러 헬라인에게도 말하여 주 예수를 전파하니 주의 손이 그들과 함께 하시매 수다한 사람이 믿고 주께 돌아오더라(19~21절).

*안디옥은 자유도시로서 시리아 지방의 행정 중심지며, 당시 세계에서 세 번째로 큰 도시였습니다. 자유도시였기에 어느 지방의 사람이건 자유롭게 이주해서 살 수 있었으며, 당시 유명한 유대인 촌도 이때 형성되었습니다.

예루살렘 교회가 안디옥에 누구를 보냈으며, 그는 어떤 사람이었습니까?

> 예루살렘 교회가 이 사람들의 소문을 듣고 바나바를 안디옥까지 보내니 저가 이르러 하나님의 은혜를 보고 기뻐하여 모든 사람에게 굳은 마음으로 주께 붙어 있으라 권하니 바나바는 착한 사람이요 성령과 믿음이 충만한 자라 이에 큰 무리가 주께 더하더라(22~24절).

교회가 크게 부흥하고, 바나바는 혼자 감당하기 힘들게 되자 어떻게 했으며, 안디옥 교회 신자들에게 어떤 별명이 붙기 시작했습

니까?

바나바가 사울을 찾으러 다소에 가서 만나매 안디옥에 데리고 와서 둘이 교회에 일 년간 모여 있어 큰 무리를 가르쳤고 제자들이 안디옥에서 비로소 그리스도인이라 일컬음을 받게 되었더라(25~26절).

바나바는 위대한 인격자요 지도자입니다. 교회가 성장하면 지도자들은 자신의 우월감을 과시하고, 자기만이 그 교회의 유일한 지도자처럼 군림하려고 하는데, 바나바는 자신이 부족하다고 솔직히 시인하고 있습니다. 교회를 위해서라면 다른 사람의 도움도 받고, 어떤 대가를 지불해서라도 좋은 인재를 찾으려고 했던 것입니다.

안디옥에서 누가 무슨 예언을 했으며, 기근으로 고통 받는 교회를 위해 안디옥 교회는 무엇을 하였습니까?

그 중에 아가보라 하는 한 사람이 일어나 성령으로 말하되 천하가 크게 흉년 들리라 하더니 글라우디오 때에 그렇게 되니라 제자들이 각각 그 힘대로 유대에 사는 형제들에게 부조를 보내기로 작정하고 이를 실행하여 바나바와 사울의 손으로 장로들에게 보내니라(28~30절).

아가보의 예언은 적중했는데 역사적 자료를 보면 글라우디오 황제가 다스리던 주후 41~54년 기간에 극심한 흉년이 들어서 소아시아 지역이 큰 피해를 입었다고 합니다. 이때 제자들은 힘대로 부조를 하여 이웃의 고통에 동참했습니다.

지금도 지구상에는 기근으로 죽는 사람들이 엄청나게 많습니다. 유엔 식량농업기구(FAO)는 연례보고서(2002년)에서 전 세계적으로 8억 5,200만 명에 달하는 사람들이 굶주리고 있고, 매년 500만 명이 넘는 어린이가 굶주림과 영양실조로 숨지는 것으로 집계했습니다.

마치는 말

한동안 예수 그리스도를 유대인만을 위한 복음으로 생각하던 자들이 많이 있었는데, 그 중에서 잘못을 깨달은 사람들이 이방 사람들을 전도하기 시작했습니다. 이 일에 목숨을 걸고 일한 사람들은 사도와 제자들이 아니라 놀랍게도 이름도 없고 빛도 없는 평신도들이었습니다. 하나님의 성령께서는 성경에도 그 이름이 나타나있지 않은 평범한 사람들을 통해서 땅 끝까지 복음을 전하는 일을 하셨습니다. 그 결과로 성경에 나오는 교회 중에서 가장 모범적인 안디옥 교회가 탄생하게 된 것입니다.

나의 삶에 적용

1) 바나바에게서 배울 수 있는 인격과 신앙에 대해서 이야기해보십시오.

2) 우리 이웃의 어려운 사람들을 위해서 우리는 무엇을 하고 있습니까?

제 20 과

헤롯의 박해와 베드로

■ 찬 송 : 363, 364장
■ 성경본문 : 행 12:1~25

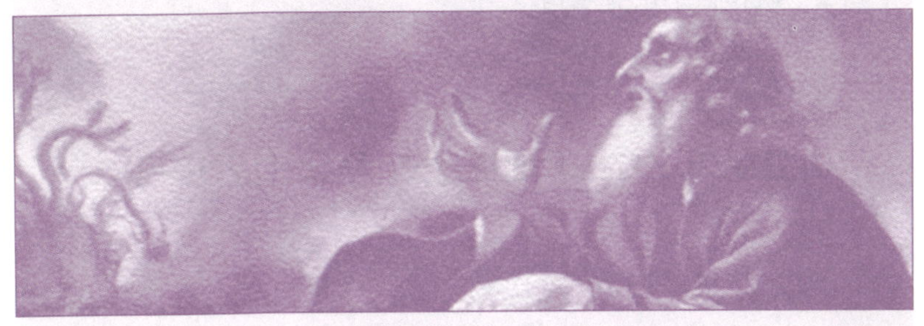

오늘의 말씀 〈행 12:5~7〉

5이에 베드로는 옥에 갇혔고 교회는 그를 위하여 간절히 하나님
께 빌더라 6헤롯이 잡아내려고 하는 그 전날 밤에 베드로가 두
군사 틈에서 두 쇠사슬에 매여 누워 자는데 파숫군들이 문 밖
에서 옥을 지키더니 7홀연히 주의 사자가 곁에 서매 옥중에 광
채가 조요하며 또 베드로의 옆구리를 쳐 깨워 가로되 급히 일
어나라 하니 쇠사슬이 그 손에서 벗어지더라.

헤롯왕은 정치적인 목적을 가지고 세베대의 아들이자 요한의 형인 야고보를 죽이고, 예수님의 수제자인 베드로도 죽이려고 옥에 가두었습니다. 그러나 하나님은 베드로를 감옥에서의 구원하셨습니다. 비록 야고보 사도가 헤롯의 손에 순교를 당하지만 그 일로 복음은 불꽃처럼 더 멀리 퍼지고 교회는 더욱 부흥하게 됩니다. 헤롯은 예루살렘 교회를 핍박하다가 결국 자신이 망하게 됩니다.

1. 야고보의 순교와 베드로의 투옥 (12:1~5)

헤롯왕은 어떤 짓을 했습니까?

> 그 때에 헤롯왕이 손을 들어 교회 중 몇 사람을 해하려하여 요한의 형제 야고보를 칼로 죽이니(1~2절).

본문의 헤롯왕은 헤롯 대왕(예수님 탄생 당시 유대의 왕)의 손자이며, 세례 요한을 목 벤 헤롯 안디바(Antipas, 예수님 사역 당시 갈릴리 분봉왕)의 조카인 헤롯 아그립바 1세(Agrippa, AD 41~44년)를 말합니다.

요한의 형제 야고보를 죽인 후 또 어떤 짓을 했으며, 왜 그렇게 했습니까?

> 유대인들이 이 일을 기뻐하는 것을 보고 베드로도 잡으려 할새 때는 무교절일이라 잡으매 옥에 가두어 군사 넷씩인 네 패에게

맡겨 지키고 유월절 후에 백성 앞에 끌어내고자 하더라(3~4절).

베드로가 옥에 갇히자 교회는 어떻게 했습니까?

이에 베드로는 옥에 갇혔고 교회는 그를 위하여 간절히 하나님께 빌더라(5절).

베드로의 투옥과 야고보의 순교로 절박한 상황에 처해있어도 전적으로 하나님께 맡기고 기도하는 예루살렘 교회의 신앙적 태도를 우리는 본받아야 할 것입니다.

2. 베드로의 기적적 탈옥 (12:6~12)

사형을 당하기 전날 밤의 베드로였지만 그의 태도는 얼마나 평안했는지, 또한 교회의 기도를 통해 어떤 기적이 일어났습니까?

헤롯이 잡아내려고 하는 그 전날 밤에 베드로가 두 군사 틈에서 두 쇠사슬에 매여 누워 자는데 파숫군들이 문 밖에서 옥을 지키더니 홀연히 주의 사자가 곁에 서매 옥중에 광채가 조요하며 또 베드로의 옆구리를 쳐 깨워 가로되 급히 일어나라 하니 쇠사슬이 그 손에서 벗어지더라 천사가 가로되 띠를 띠고 신을 들메라 하거늘 베드로가 그대로 하니 천사가 또 가로되 겉옷을 입고 따라 오라 한 대(6~8절).

베드로가 천사의 인도를 받아 감옥을 나오는 과정은 어떠했습

니까?

> 베드로가 나와서 따라갈새 천사의 하는 것이 참인 줄 알지 못하고 환상을 보는가 하니라 이에 첫째와 둘째 파수를 지나 성으로 통한 쇠문에 이르니 문이 절로 열리는지라 나와 한 거리를 지나매 천사가 곧 떠나더라(9~10절).

천사의 인도를 받아 감옥을 나오는데 마치 환상인 상태에서 첫째와 둘째 파수를 지나 성으로 통하는 쇠문에 이르니 문이 저절로 열려 어느 거리에까지 가게 되었습니다. 거기서 천사는 떠나갔습니다.

베드로가 갇혀 있던 곳은 예루살렘 성전 경내 서북쪽에 인접해 있는 군인의 옥사였습니다. 왕궁의 건물 일부로 가끔 국사범으로 잡혀온 사람들을 그 지하실에 가두었는데 이 옥사를 '안토니오 병영'(Antonia)이라고 합니다. 이곳에서 베드로 한 사람을 지키기 위해서 16명의 군인들이 철통같이 감시하였습니다.

베드로가 정신이 들어 자신이 구원받은 것을 깨달았을 때 무슨 고백을 하였습니까?

> 이에 베드로가 정신이 나서 가로되 내가 이제야 참으로 주께서 그의 천사를 보내어 나를 헤롯의 손과 유대 백성의 모든 기대에서 벗어나게 하신 줄 알겠노라 하여(11절).

첫째, 환상으로 착각했던 것이 천사가 떠난 뒤 서늘한 밤공기에 정신이 들어 자신이 구원 받은 것을 깨닫게 되었습니다.

둘째, 그러자 베드로는 "내가 이제야 참으로 주께서 그의 천사를 보내어 나를 헤롯의 손과 유대 백성의 모든 기대에서 벗어나게 하신 줄 알겠노라"고 고백하였던 것입니다.

베드로는 그 밤에 어디로 찾아갔습니까?

> 깨닫고 마가라 하는 요한의 어머니 마리아의 집에 가니 여러 사람이 모여 기도하더라(12절).

첫째, 그는 자신을 위해 사람들이 모여서 기도하고 있던 마가 요한의 어머니 마리아의 집으로 찾아갔습니다.

둘째, 일반적으로 이 집은 그리스도의 마지막 만찬이 있었던 곳으로 알려져 있고 예루살렘 교회의 중심이 된 곳이었습니다.

3. 놀라는 무리들과 헤롯의 죽음 (12:13~25)

기적적으로 옥에서 나온 베드로가 간 곳은 어디이며, 그곳에서 어떤 일들이 있었습니까?

> 깨닫고 마가라 하는 요한의 어머니 마리아의 집에 가니 여러 사람이 모여 기도하더라 베드로가 대문을 두드린대 로데라 하는 계집아이가 영접하러 나왔다가 베드로의 음성인줄 알고 기뻐하여 문을 미처 열지 못하고 달려 들어가 말하되 베드로가 대문 밖에 섰더라 하니 저희가 말하되 네가 미쳤다 하나 계집아이는 힘써 말하되 참말이라 하니 저희가 말하되 그러면 그의 천사라 하더라 베드로가 문 두드리기를 그치지 아니하니 저희

가 문을 열어 베드로를 보고 놀라는지라 베드로가 저희에게 손짓하여 종용하게 하고 주께서 자기를 이끌어 옥에서 나오게 하던 일을 말하고 또 야고보와 형제들에게 이 말을 전하라 하고 떠나 다른 곳으로 가니라 날이 새매 군사들은 베드로가 어떻게 되었는지 알지 못하여 적지 않게 소동하니 헤롯이 그를 찾아도 보지 못하매 파숫군들을 심문하고 죽이라 명하니라 헤롯이 유대를 떠나 가이사랴로 내려가서 거하니라(12~19절).

헤롯은 어떤 종말을 맞이했으며, 그 이유는 무엇입니까?

헤롯이 날을 택하여 왕복을 입고 위에 앉아 백성을 효유한대 백성들이 크게 부르되 이것은 신의 소리요 사람의 소리는 아니라 하거늘 헤롯이 영광을 하나님께로 돌리지 아니하는 고로 주의 사자가 곧 치니 충이 먹어 죽으니라(21~23절).

… 헤롯 아그립바 1세는 A.D. 44년, 가이사랴에서 열린 글라우디오 황제를 축하하는 대중 축제 때 갑자기 병에 걸려 닷새 후에 죽었습니다.

교회를 핍박하던 헤롯은 망했지만 하나님의 말씀은 어떻게 되었으며, 바나바와 사울은 어디에서 누구를 데리고 왔습니까?

하나님의 말씀은 흥왕하여 더하더라 바나바와 사울이 부조의 일을 마치고 마가라 하는 요한을 데리고 예루살렘에서 돌아오니라(24~25절).

마치는 말

헤롯 아그립바 1세의 박해 속에서 야고보는 순교를 통해서 본을 보였고, 베드로는 감옥에서 기적적으로 놓임을 받아 하나님의 역사를 보여줍니다. 베드로의 사건에서 베드로의 담대한 믿음과, 반대로 성도들의 연약한 믿음을 보여주는 교훈이 있습니다. 교회를 핍박하던 헤롯은 교만을 부리다가 죽고, 각처로 흩어진 사람들을 통해 하나님의 말씀과 교회는 더욱 든든히 서 갔습니다. 원수와 사단이 아무리 우리 믿는 사람들을 못살게 굴어도 죽고 사는 모든 문제는 하나님의 주권에 달려있으며, 하나님의 정의와 복음이 승리한다는 것을 알 수 있습니다.

나의 삶에 적용

1) 야고보의 순교와 베드로의 감옥에서의 놓임에 대해서 이야기 해보십시오.

2) 교회의 핍박 속에 하나님 말씀과 복음전파는 어떻게 되었습니까?

제 21 과

안디옥 교회의 선교사 파송

■ 찬　송 : 256, 258장
■ 성경본문 : 행 13:1~12

오늘의 말씀 〈행 13:1~3〉

1안디옥 교회에 선지자들과 교사들이 있으니 곧 바나바와 니게
르라 하는 시므온과 구레네 사람 루기오와 분봉왕 헤롯의 젖동
생 마나엔과 및 사울이라 2주를 섬겨 금식할 때에 성령이 가라
사대 내가 불러 시키는 일을 위하여 바나바와 사울을 따로 세
우라 하시니 3이에 금식하며 기도하고 두 사람에게 안수하여 보
내니라

안디옥 교회는 바나바와 바울의 목회를 통하여 크게 부흥하였고, 안정되었습니다. 그러나 하나님께서는 거기에 만족하지 않으시고 세계를 선교하기 위해 선교사를 파송하십니다. 그것도 안디옥 교회에서 가장 중요한 인물인 바나바와 바울을 선교사로 파송하십니다. 그때는 아직 안디옥 지역이 다 복음화 된 것도 아니었습니다. 더구나 그 당시 안디옥 교회는 아직 어린 신자들이 주를 이루고 있었는데, 그 안디옥 교회의 최고 지도자요 없어서는 안 될 목회자이며 선생인 바나바와 바울을 선교사로 보내신 것입니다.

1. 안디옥 교회의 파송받은 바나바와 사울 (13:1~3)

안디옥 교회에는 어떤 지도자들이 있었습니까?

> 안디옥 교회에 선지자들과 교사들이 있으니 곧 바나바와 니게르라 하는 시므온과 구레네 사람 루기오와 분봉왕 헤롯의 젖동생 마나엔과 및 사울이라(1절).

안디옥 교회의 지도자로는 교회에서 가장 존경받던 구브로 출신의 바나바를 비롯하여, 니게르(흑인) 시므온도 있었고, 구레네(아프리카) 출신의 루기오도 있었습니다. 헤롯 왕의 젖동생 마나엔 같이 사회적 지위가 높은 사람도 있었습니다. 인종의 차별이나 귀천의 구별이 없이 협동하며 화합하는 교회였습니다.

안디옥 교회의 지도자들이 금식할 때에 성령께서 어떤 명령을 주셨습니까?

> 주를 섬겨 금식할 때에 성령이 가라사대 내가 불러 시키는 일을 위하여 바나바와 사울을 따로 세우라 하시니(2절).

안디옥 교회는 선교사를 어떻게 파송했습니까?

> 이에 금식하며 기도하고 두 사람에게 안수하여 보내니라(3절).

안디옥 교회는 땅 끝까지 복음을 전하라는 주님의 명령에 순종하기 위해 가장 유능한 교회 지도자 두 사람을 금식하며 기도하고 안수하여 선교사로 파송했습니다. 이것은 세계 역사를 완전히 바꾸는 중요한 사건이 되었습니다. 그 후 불과 300년이 못되어 로마제국은 기독교를 공식적으로 인정하였기 때문입니다. 이 사건을 통해 기독교가 세계적인 종교가 되었고, 세계를 예수 그리스도로 가득 채우게 된 것입니다.

2. 구브로에서의 바나바와 사울 (13:4~12)

바나바와 사울이 처음으로 찾아간 선교지역은 어디였습니까?

> 두 사람이 성령의 보내심을 받아 실루기아에 내려가 거기서 배 타고 구브로에 가서 살라미에 이르러 … 온 섬 가운데로 지나서 바보에 이르러(4~6절).

… 안디옥은 오론테스 강 상류 32km 지점에 있으므로 안디옥의 외항(外航)인 실루기아 항에서 출발한 것입니다. 구브로는 지금의 사이프러스라고 하는 지중해 동북부에 있는 큰 섬입니다.

안디옥 교회가 선교사를 파송한 것은 예수님이 승천하시면서 "모든 족속으로 제자를 삼으라"고 명령하신 후 16년이 지난 때였습니다. 그 동안은 예루살렘과 유대와 사마리아를 복음화 시키고 바울과 같은 이방 선교(세계복음화)의 주역을 준비하는 기간이었습니다.

살라미에서 복음을 전한 후 그들은 그 섬 가운데를 지나 바보(Paphos)에 이르러 그곳에서 복음을 전했습니다. 바보는 구브로 섬의 남서쪽 연안 평야에 있는 성읍으로 베니게 인들에 의해 개설되었고, 이곳에는 비너스(Venus)의 주 신전이 있었습니다.

바보에서 어떤 일이 있었습니까?

온 섬 가운데로 지나서 바보에 이르러 바예수라 하는 유대인 거짓 선지자 박수를 만나니 그가 총독 서기오 바울과 함께 있으니 서기오 바울은 지혜 있는 사람이라 바나바와 사울을 불러 하나님 말씀을 듣고자 하더라 이 박수 엘루마는(이 이름을 번역하면 박수라) 저희를 대적하여 총독으로 믿지 못하게 힘쓰니 (6~8절).

바울은 마술사 엘루마를 어떻게 제압했습니까?

바울이라고 하는 사울이 성령이 충만하여 그를 주목하고 가로되 모든 궤계와 악행이 가득한 자요 마귀의 자식이요 모든 의의 원수여 주의 바른 길을 굽게 하기를 그치지 아니하겠느냐 보라 이제 주의 손이 네 위에 있으니 네가 소경이 되어 얼마 동안 해를 보지 못하리라 하니 즉시 안개와 어두움이 그를 덮어 인도할 사람을 두루 구하는지라 이에 총독이 그렇게 된 것을 보고 믿으며 주의 가르치심을 기이히 여기니라(9~12절).

… 바예수는 '예수의 아들' 이란 뜻이며 '엘루마' 라는 다른 이름이 있었습니다. 그는 서기오 바울이 구브로 총독으로 있을 때 수행원이었고 총독에 대한 사울의 전도를 방해했습니다. 결국 사울에게 저주를 받아 소경이 되었습니다.

바울과 바나바의 전도를 받은 총독 서기오 바울은 바보에서 전도의 첫 열매가 되었습니다. 세상적으로 말해 성공한 사람을 전도해서 얻은 열매입니다. 그가 예수 그리스도를 믿는 것을 보고 두 선교사는 얼마나 감격했을까요? 혹시 우리들이 전도할 때 이러한 사람들을 피하고 있지는 않은지 살펴보아야 합니다.

9절부터 사울의 이름이 로마식 이름인 바울로 불리기 시작합니다. 유대인이면서 로마의 시민권을 갖고 있었기에 두 가지 이름이 자연스럽게 불렸을 것입니다.

마치는 말

안디옥 교회는 성령의 지시에 따라 가장 중요한 사역자인 바나바와 바울을 선교사로 파송했습니다. 이방선교가 본격적으로 시작된 것입니다. 이들은 첫 선교지인 구브로에서 당했던 마술사 엘루마의 방해는 교회에 대한 사단의 방해였습니다. 성령의 지시로 시작된 바나바와 바울의 선교였지만 이런 방해를 받기도 한 것입니다. 그러나 바나바와 바울은 하나님의 역사와 도움으로 시험과 고난을 이겨냈으며, 오히려 하나님의 능력이 나타나고 많은 사람들이 복음을 더욱 믿게 되었습니다.

나의 삶에 적용

1) 안디옥 교회가 두 선교사를 파송한 모습을 통해서 얻는 교훈은 무엇입니까?

2) 당신이 전도해서 얻은 첫 열매는 누구이며, 어떻게 신앙생활을 하고 있습니까?

제 22 과

비시디아 안디옥에서의 전도

■ 찬　송 : 277, 276장
■ 성경본문 : 행 13:13~41

오늘의 말씀 〈행 13:28~31〉

[28]죽일 죄를 하나도 찾지 못하였으나 빌라도에게 죽여 달라 하
였으니 [29]성경에 저를 가리켜 기록한 말씀을 다 응하게 한 것이
라 후에 나무에서 내려다가 무덤에 두었으나 [30]하나님이 죽은
자 가운데서 저를 살리신지라 [31]갈릴리로부터 예루살렘에 함께
올라간 사람들에게 여러 날 보이셨으니 저희가 이제 백성 앞에
그의 증인이라

동행하는 사람들은 바나바의 고향인 구브로 섬의 바보에서 배를 타고 소아시아의 남쪽 해안 밤빌리아에 있는 버가를 지나 160km 이상 북쪽에 자리 잡고 있는 비시디아 안디옥에 복음을 전하러 갔습니다. 그런데 비시디아 안디옥으로 가는 길은 1,000m 정도의 높은 산을 넘어야 하고, 소아시아에서 가장 험하고 위험한 곳을 통과해야 하는 어려운 여행이었습니다. 얼마나 힘든 길이면 이곳에서 마가 요한이 예루살렘으로 돌아갔겠습니까? 로마 식민지였던 비시디아 안디옥은 해발 1,000m 이상의 고원도시로서 광대한 갈라디아 주 남반부의 정치?군사의 중심지였습니다.

1. 비시디아 안디옥에 도착 (13:13~15)

바울과 바나바는 비시디아 안디옥에 도착하여 안식일 날 유대인의 회당에 들어가 예배를 드리게 되었는데, 회당장이 바울에게 요청한 것은 무엇이었습니까?

> 저희는 버가로부터 지나 비시디아 안디옥에 이르러 안식일에 회당에 들어가 앉으니라 율법과 선지자의 글을 읽은 후에 회당장들이 사람을 보내어 물어 가로되 형제들아 만일 백성을 권할 말이 있거든 말하라 하니(14~15절).

… 비시디아 안디옥은 오늘날 터키 중남부 지방의 얄바크(Yalvac) 근처에 있는 로마의 식민지였는데, 이곳을 비시디아 안디옥이라고 밝힌 이유는 11장 19절에 언급된 수리아 안디옥과 구별하기 위해서입니다.

2. 바울의 설교 (13:16~41)

바울이 일어나 복음을 전한 내용은 무엇이었습니까?

> 이 이스라엘 백성의 하나님이 우리 조상들을 택하시고 애굽 땅에서 나그네 된 그 백성을 높여 큰 권능으로 인도하여 내사 광야에서 약 사십년간 저희 소행을 참으시고 가나안 땅 일곱 족속을 멸하사 그 땅을 기업으로 주시고(약 사백 오십 년간) 그 후에 선지자 사무엘 때까지 사사를 주셨더니 … 폐하시고 다윗을 왕으로 세우시고 증거하여 가라사대 내가 이새의 아들 다윗을 만나니 내 마음에 합한 사람이라 내 뜻을 다 이루게 하리라 하시더니 하나님이 약속하신 대로 이 사람의 씨에서 이스라엘을 위하여 구주를 세우셨으니 곧 예수라(17~23절).

바울의 설교 주제는 하나님께서 이스라엘 백성에게 약속하신 구원과 그 약속을 지키기 위해 예수님을 메시아로 보내셨다는 내용입니다. 바울은 메시아가 세상에 오신 것은 이스라엘 조상들이 잘나서가 아니라 오직 하나님의 은혜라는 사실을 힘 있게 전했습니다. 바울은 짧은 내용 속에 기독교 역사에 있어서 매우 중요한 위치를 차지하고 있는 기독교 교리의 전체 내용을 이스라엘 역사를 바탕으로 잘 설명하고 있습니다.

하나님께서 다윗에 대해서 어떻게 말씀하셨습니까?

> 내가 이새의 아들 다윗을 만나니 내 마음에 합한 사람이라 내 뜻을 다 이루게 하리라 하시더니(22절).

바울이 예수 그리스도가 하나님의 약속대로 보내신 메시아이신 것을 증거했는데, 그 중심이 되는 내용은 무엇입니까?

> 형제들 아브라함의 후예와 너희 중 하나님을 경외하는 사람들아 이 구원의 말씀을 우리에게 보내셨거늘 … 예수를 정죄하여 선지자들의 말을 응하게 하였도다 죽일 죄를 하나도 찾지 못하였으나 빌라도에게 죽여 달라 하였으니 성경에 저를 가리켜 기록한 말씀을 다 응하게 한 것이라 후에 나무에서 내려다가 무덤에 두었으나 하나님이 죽은 자 가운데서 저를 살리신지라 갈릴리로부터 예루살렘에 함께 올라간 사람들에게 여러 날 보이셨으니 저희가 이제 백성 앞에 그의 증인이라(26~31절).

복음의 핵심내용은 하나님의 약속대로 구원자가 오셨는데 그 분이 예수님이라는 것과 예수님은 고난과 부활로 구원을 완성하셨다는 것입니다. 십자가의 죽으심과 부활을 빼고는 복음이 전파될 수 없다는 사실을 말해주는 것입니다.

하나님께서 다윗과 맺은 언약에 대해 바울은 구약성경을 인용하고 있습니다. 그 내용을 말해보십시오.

> 곧 하나님이 예수를 일으키사 우리 자녀들에게 이 약속을 이루

게 하셨다 함이라 시편 둘째 편에 기록한 바와 같이 너는 내 아들이라 오늘 너를 낳았다 하셨고 또 하나님께서 죽은 자 가운데서 저를 일으키사 다시 썩음을 당하지 않게 하실 것을 가르쳐 가라사대 내가 다윗의 거룩하고 미쁜 은사를 너희에게 주리라 하셨으니 그러므로 또 다른 편에 일렀으되 주의 거룩한 자로 썩음을 당하지 않게 하시리라 하셨느니라(33~35절).

33절은 시편 2:7, 34절은 이사야 55:3, 35절은 시편 16:10을 인용한 것입니다.

바울이 설교하는 내용 중에서 복음의 기본이 되는 단어(이 사람, 죄 사함, 율법, 의롭다함, 믿음)들을 설명해 보십시오.

그러므로 형제들아 너희가 알 것은 이 사람을 힘입어 죄 사함을 너희에게 전하는 이것이며 또 모세의 율법으로 너희가 의롭다 하심을 얻지 못하던 모든 일에도 이 사람을 힘입어 믿는 자마다 의롭다 하심을 얻는 이것이라(38~39절).

바울이 결단을 요구하는 내용은 무엇입니까?

그런즉 너희는 선지자들로 말씀하신 것이 너희에게 미칠까 삼가라 일렀으되 보라 멸시하는 사람들아 너희는 놀라고 망하라 내가 너희 때를 당하여 한 일을 행할 것이니 사람이 너희에게 이를지라도 도무지 믿지 못할 일이라 하였느니라 하니라(40~41절).

바울은 하박국 1장 5절을 인용하면서, 구원의 복음을 받아들이지 않는 자들이 어떤 결과에 처할지 알려주고, 복음을 거부하는 것 자체가 죄이므로 예수를 믿고 영생을 얻든지, 율법을 의지하다가 죽음을 선택하든지 결단하라고 합니다. 이것은 사람들이 잘못하면 죽음을 선택할 수 있는 어리석은 자가 되기 쉽다는 것을 경고하고 있는 것입니다.

마치는 말

바울이 비시디아 안디옥에서 외친 설교는 베드로의 오순절 설교와 스데반의 순교 설교와 함께 초대교회의 3대 설교 중 하나입니다. 바울의 설교는 이방인을 상대로 한 설교라는 특징이 있습니다.

바울의 설교 내용은 ① 이스라엘에 대한 하나님의 약속과 이스라엘의 역사(16~25절), ② 그리스도 안에서 그 약속들의 성취인 예수의 죽음과 부활(26~37절), ③ 유대인들에 대한 초대와 경고로 삶과 죽음 사이의 선택(38~41절)을 말하고 있습니다.

바울의 설교에서처럼 인류를 구원할 예수 그리스도는 복음입니다. 그런데 이 기쁜 소식이 어떤 사람들에게는 나쁜 소식이 됩니다. 예수를 거부하고 그 부르심을 듣지 않는 자들에게는 예수의 복음은 정죄가 되기 때문입니다.

나의 삶에 적용

1) 복음의 핵심은 무엇인지에 대해서 이야기해보십시오.

2) 오늘 공부를 하고 난 후 우리가 해야 할 일은 무엇이라고 느꼈습니까?

제 23 과

영생을 주시기로 작정된 자들

■ 찬　송 : 252, 261장
■ 성경본문 : 행 13:42~52

오늘의 말씀 〈행 13:46~48〉

46바울과 바나바가 담대히 말하여 가로되 하나님의 말씀을 마땅
히 먼저 너희에게 전할 것이로되 너희가 버리고 영생 얻음에
합당치 않은 자로 자처하기로 우리가 이방인에게로 향하노라 47
주께서 이같이 우리를 명하시되 내가 너를 이방의 빛을 삼아
너로 땅 끝까지 구원하게 하리라 하셨느니라 하니 48이방인들이
듣고 기뻐하여 하나님의 말씀을 찬송하며 영생을 주시기로 작
정된 자는 다 믿더라.

1. 바울의 설교에 대한 청중들의 반응 (13:42~43)

비시디아 안디옥의 회당에서 많은 유대인들과 유대교에 입교한 사람들에게 바울은 복음을 전하여 크게 영향을 일으켰습니다. 그 다음 안식일에 다시 말씀을 전하러 회당에 갔을 때 그 성의 대부분의 사람들이 하나님의 말씀을 들으려고 모였습니다. 복음의 능력이 얼마나 큰지를 보여준 것입니다.

이때 수많은 무리가 모인 것을 본 유대인들은 시기가 가득하여 비방했습니다. 그러자 바울과 바나바는 이제부터 복음은 이방인에게 전해질 것이라고 말합니다.

바울이 설교를 마치자 모여 있던 사람들은 어떤 반응을 보였습니까?

> 저희가 나갈새 사람들이 청하되 다음 안식일에도 이 말씀을 하라하더라(42절).

바울이 전한 복음은 어떤 능력으로 나타났습니까?

> 폐회한 후에 유대인과 유대교에 입교한 경건한 사람들이 많이 바울과 바나바를 좇으니 두 사도가 더불어 말하고 항상 하나님의 은혜 가운데 있으라 권하니라 그 다음 안식일에는 온 성이 거의 다 하나님 말씀을 듣고자 하여 모이니(43~44절).

2. 유대인들의 시기 (13:44~52)

사도들과 무리들의 행동에 시기가 난 유대인들은 어떤 행동을 보였으며, 바울과 바나바는 어떻게 대답했습니까?

> 유대인들이 그 무리를 보고 시기가 가득하여 바울의 말한 것을 변박하고 비방하거늘 바울과 바나바가 담대히 말하여 가로되 하나님의 말씀을 마땅히 먼저 너희에게 전할 것이로되 너희가 버리고 영생 얻음에 합당치 않은 자로 자처하기로 우리가 이방인에게로 향하노라 주께서 이같이 우리를 명하시되 내가 너를 이방의 빛을 삼아 너로 땅 끝까지 구원하게 하리라 하셨느니라 하니(45~47절).

유대인들이 복음을 받지 않자 이방인들에게 복음이 전파될 것이라고 합니다. 바울과 바나바가 선교사로 파송된 것은 이방인에게만 복음을 전하기 위해서만 아니라 이방 세계에 있는 유대인들과 이방의 모든 사람들에게 복음을 전하는 것이었습니다.

바울과 바나바의 가르침을 통해 어떤 자들이 믿게 되었습니까?

> 이방인들이 듣고 기뻐하여 하나님의 말씀을 찬송하며 영생을 주시기로 작정된 자는 다 믿더라(48절).

"영생을 주시기로 작정된 자"라는 말은 '정확히 정돈하여 제 자리에 둔 자'라는 뜻을 가진 군사 용어에서 유래되었습니다. 여기에서 작정된 자(ordained)는 지정된 자(appointed)라는 뜻이 있습니다. 구원은 하나님께서 예정을 하시고, 오직 하나님의 은혜로 말미암는 것을 말합니다.

영생을 주시기로 작정된 자는 말씀을 들을 때에 ① 기뻐하며, ② 하나님의 말씀을 찬송하며, ③ 믿음이 생깁니다.

그 지방에 주의 말씀이 두루 퍼지자 유대인들은 어떤 행동을 했습니까?

> 주의 말씀이 그 지방에 두루 퍼지니라 이에 유대인들이 경건한 귀부인들과 그 성내 유력자들을 선동하여 바울과 바나바를 핍박케 하여 그 지경에서 쫓아내니(49~50절).

복음의 능력은 먼저 듣고, 믿은 사람들이 전하는 데서 나타납니다. 복음을 들은 사람들은 입을 다물고 가만히 있지 못합니다. 주의 복음을 전하고 싶어 참을 수 없게 됩니다. 바울의 말을 들은 비시디아 안디옥 사람들은 이러한 경험을 한 자들입니다. 복음을 전하고 싶어 하는 그들의 입을 막을 수가 없었습니다.

자기들을 방해하고 핍박하는 사람들에게 두 사도가 보인 행동과 반응에 대해서 이야기해보십시오.

> 두 사람이 저희를 향하여 발에 티끌을 떨어버리고 이고니온으로 가거늘 제자들은 기쁨과 성령이 충만하니라(51~52절).

티끌을 떨어버리는 풍속은 원래 이방인의 땅에서 돌아오는 유대인들이 성지의 신성을 지키기 위해 이방의 먼지도 떨어버린 데서 기인합니다. 유대인들은 이방인 세계의 먼지까지도 팔레스타인에는 가져오지 않는다는 생각이었습니다. 여기에서의 행동은 사도들을 쫓아낸 사람들에 대한 항의의 표시였습니다.

마치는 말

비시디아 안디옥에서 성공적인 선교활동을 하다가 바나바와 바울은 추방을 당해 이고니온으로 떠났습니다. 유대인의 박해는 자신들의 의도대로 되지 않았고 오히려 제자들은 기쁨과 성령이 충만하였습니다. 그들은 핍박 중에도 기뻐하였고, 오직 예수 그리스도를 믿는 것으로 만족하였습니다. 이처럼 역경 중에도 기뻐하는 것은 참된 신앙의 외적 표시입니다. 신실한 성도만이 온갖 장애물과 그릇된 가르침, 소란, 위협, 공포 가운데서도 성령 안에서 기쁨을 얻을 수 있으며, 하나님의 말씀에 뿌리를 박고 신앙생활에서 승리할 수 있습니다.

나의 삶에 적용

1) 당신은 하나님의 말씀을 들을 때에 어떤 모습을 보입니까?

2) 우리들이 전한 복음이 어떤 능력을 발휘할 지 이야기해보십시오.

제 24 과

루스드라에서의 선교

■ 찬　　송 : 463, 461장
■ 성경본문 : 행 14:1~28

오늘의 말씀 〈행 14:8~10〉

8루스드라에 발을 쓰지 못하는 한 사람이 있어 앉았는데 나면서
앉은뱅이 되어 걸어 본 적이 없는 자라 9바울의 말하는 것을 듣
거늘 바울이 주목하여 구원받을 만한 믿음이 그에게 있는 것을
보고 10큰 소리로 가로되 네 발로 바로 일어서라 하니 그 사람이
뛰어 걷는지라

안디옥에서 동남쪽으로 약 140km 떨어진 이고니온으로 온 두 사도는 이전처럼 유대인의 회당에 들어가 복음을 전했고, 많은 유대인들과 이방인들이 믿게 되었습니다. 그러나 그곳에서도 복음을 받아들이지 않는 유대인들이 이방인들을 선동하여 믿는 자들에 대해 악감을 품게 만들었습니다. 그러자 그 성 사람들은 사도를 따르는 사람과 유대인을 따르는 사람으로 나뉘게 되었습니다. 사도들을 반대하던 사람들이 관원들과 더불어 사도들을 죽이려고 하자, 사도들은 도망하여 루가오니아의 루스드라와 더베와 그 근방으로 가서 복음을 전했습니다.

1. 이고니온에서의 사역 (14:1~7)

두 사도가 이고니온에 있는 유대인의 회당에서 복음을 전했을 때 어떤 일들이 있었으며, 사단의 역사는 어떻게 나타났습니까?

> 이에 이고니온에서 두 사도가 함께 유대인의 회당에 들어가 말하니 유대와 헬라의 허다한 무리가 믿더라 그러나 순종치 아니하는 유대인들이 이방인들의 마음을 선동하여 형제들에게 악감을 품게 하거늘(1~2절).

복음을 반대하는 세력이 강하게 역사할 때에 하나님의 은혜도 그만큼 강해집니다. 이고니온에서 어떤 일이 일어났습니까?

> 두 사도가 오래 있어 주를 힘입어 담대히 말하니 주께서 저희

손으로 표적과 기사를 행하게 하여 주사 자기 은혜의 말씀을 증거하시니 그 성내 무리가 나뉘어 유대인을 좇는 자도 있고 두 사도를 좇는 자도 있는지라 이방인과 유대인과 그 관원들이 두 사도를 능욕하며 돌로 치려고 달려드니 저희가 알고 도망하여 루가오니아의 두 성 루스드라와 더베와 및 그 근방으로 가서 거기서 복음을 전하니라(3~7절).

2. 루스드라에서의 기적 (14:8~18)

루스드라로 도망한 바나바와 바울은 어떤 표적과 기사를 일으켰으며, 기적을 체험한 사람은 어떤 사람이었습니까?

루스드라에 발을 쓰지 못하는 한 사람이 있어 앉았는데 나면서 앉은뱅이 되어 걸어 본 적이 없는 자라 바울의 말하는 것을 듣거늘 바울이 주목하여 구원받을만한 믿음이 그에게 있는 것을 보고 큰 소리로 가로되 네 발로 바로 일어서라 하니 그 사람이 뛰어 걷는지라(8~10절).

루스드라의 유적은 1885년에 발굴되었는데, 아우구스투스 황제가 로마의 식민지로 만들었다는 비명이 기록되어 있습니다. 루스드라는 이고니온에서 82km 떨어져 있습니다. 그곳에서 날 때부터 앉은뱅이로 걸어 본 적이 없는 사람을 일으키는 기적이 일어났습니다. 앉은뱅이는 마음속으로 하나님을 경외하였고, 구원을 사모하는 간곡한 모습이 있었습니다(9절). 구원받을 만한 믿음이 그에게 있었기에 일어나 걸을 수 있었던 것입니다.

더베는 로마령 갈라디아 땅 루가오니아 지역의 동남쪽에 위치해 있었습니다.

앉은뱅이가 걷게 된 기적을 보고 무리들은 어떤 반응을 나타냈습니까?

> 무리가 바울의 행한 일을 보고 루가오니아 방언으로 소리질러 가로되 신들이 사람의 형상으로 우리 가운데 내려 오셨다 하여 바나바는 쓰스라 하고 바울은 그 중에 말하는 자이므로 허메라 하더라 성밖 쓰스신당의 제사장이 소와 화관들을 가지고 대문 앞에 와서 무리와 함께 제사하고자 하니(11~13절).

사람들은 바울과 바나바를 신들이 인간의 모습으로 오신 것이라 해서, 바나바는 쓰스(제우스)라고 했고, 바울은 허메(헤르메스)라고 했습니다. 제우스는 헬라 신화 중에서 신의 우두머리이고, 헤르메스는 사자 역할을 하는 신입니다. 그래서 루스드라 사람들이 말씀을 전하는 바울을 헤르메스라고 불렀던 것입니다.

바울과 바나바는 자기들에게 제사하려는 무리들에게 어떻게 했습니까?

> 두 사도 바나바와 바울이 듣고 옷을 찢고 무리 가운데 뛰어 들어가서 소리질러 가로되 여러분이여 어찌하여 이러한 일을 하느냐 우리도 너희와 같은 성정을 가진 사람이라……하나님이 지나간 세대에는 모든 족속으로 자기의 길들을 다니게 묵인하셨으나 그러나 자기를 증거하지 아니하신 것이 아니니 곧 너희에게 하늘로서 비를 내리시며 결실기를 주시는 선한 일을 하사 음식과 기쁨으로 너희 마음에 만족케 하셨느니라 하고 이렇게 말하여 겨우 무리를 말려 자기들에게 제사를 못하게 하니라

(14~18절).

… 옷을 찢는 행위는 참람하고 신성 모독적인 일을 보거나 들을 때, 극한 슬픔이나 고통을 표현할 때 나타납니다(마 26:25, 막 14:63).

여기 16절에 나오는 "묵인하셨으나"라는 말은 눈감아 주었다는 의미가 아니라 오래 참아 주셨다는 뜻입니다. 사람들이 예수를 믿기까지 하나님께서 얼마나 참으셨습니까? 아직도 하나님께서는 참고 계신다는 사실을 우리는 확실히 알고 믿어야 합니다.

3. 루스드라에서의 박해 (14:19~28)

유대인들이 안디옥과 이고니온에 와서 어떻게 했으며, 그 후 바울은 어떻게 되었습니까?

유대인들이 안디옥과 이고니온에서 와서 무리를 초인하여 돌로 바울을 쳐서 죽은 줄로 알고 성 밖에 끌어 내치니라 제자들이 둘러 섰을 때에 바울이 일어나 성에 들어갔다가 이튿날 바나바와 함께 더베로 가서(19~20절).

그 후 바나바와 함께 바울은 어디로 다니면서 어떤 일을 했습니까?

복음을 그 성에서 전하여 많은 사람을 제자로 삼고 루스드라와 이고니온과 안디옥으로 돌아가서 제자들의 마음을 굳게 하여 이 믿음에 거하라 권하고 또 우리가 하나님 나라에 들어가려면 많은 환난을 겪어야 할 것이라 하고 각 교회에서 장로들을 택하여 금식 기도하며 저희를 그 믿은바 주께 부탁하고 비시디아 가운데로 지나가서 밤빌리아에 이르러 도를 버가에서 전하고 앗달리아로 내려가서 거기서 배 타고 안디옥에 이르니 … 제자들과 함께 오래 있으니라(21~28절).

마치는 말

두 사도가 루스드라에서 예수를 증거한다는 소문을 들은 유대인들은 백 리가 넘는 길을 달려와 난동을 부리고 바울을 돌로 쳐서 거의 죽게 만들기까지 했습니다. 그러나 하나님의 은혜로 두 사도는 이에 굴하지 않고 계획대로 선교활동을 끝낼 수 있었고, 안디옥 교회로 무사히 돌아올 수 있었습니다.

사단이 아직 기승을 부리며 활동하고 있는 세상에서 하나님나라를 확장하는 것이 얼마나 힘든 것인지 알게 됩니다. 우리의 할 일은 허리를 동여매고 최선을 다해 복음을 전하는 것입니다.

나의 삶에 적용

1) 기적을 보고 신처럼 경배했던 무리들이 오히려 바울을 돌로 쳐서 죽이려고 했던 모습을 통해 느낀 점은 무엇입니까?

2) 앉은뱅이의 자세와 믿음은 어떠했는지에 대해서 이야기해보십시오.

제 25 과

예루살렘 총회

■ 찬 송 : 184, 202장
■ 성경본문 : 행 15:1~29

오늘의 말씀 〈행 15:1~2〉

1어떤 사람들이 유대로부터 내려와서 형제들을 가르치되 너희
가 모세의 법대로 할례를 받지 아니하면 능히 구원을 얻지 못
하리라 하니 2바울과 바나바와 저희 사이에 적지 아니한 다툼과
변론이 일어난지라 형제들이 이 문제에 대하여 바울과 바나바
와 및 그 중에 몇 사람을 예루살렘에 있는 사도와 장로들에게
보내기로 작정하니라.

교회의 중심지인 수리아 안디옥 교회에 유대지방으로부터 어떤 성도들이 내려와서 이방인 신자들도 할례를 받지 않으면 구원을 얻지 못한다고 했습니다. 이것은 믿음만으로 구원을 받는다고 가르친 바나바와 바울의 교훈과는 분명히 다른 것이었습니다. 그래서 유대에서 내려온 자들과 큰 논쟁이 있었고, 안디옥 교회는 바울과 바나바와 교회의 몇 사람을 예루살렘 교회에 보내어 문제를 해결하려고 했습니다. 그들은 베니게와 사마리아를 거쳐 예루살렘으로 가면서 이방인 선교에 대해 자세히 이야기해주어 모든 성도들이 그것을 듣고 기뻐했습니다.

1. 바울과 바나바가 예루살렘으로 올라감 (15:1~5)

유대로부터 온 어떤 사람들이 안디옥 교회에 와서 무엇을 했으며, 그들의 주장은 어떤 것이었습니까?

> 어떤 사람들이 유대로부터 내려와서 형제들을 가르치되 너희가 모세의 법대로 할례를 받지 아니하면 능히 구원을 얻지 못하리라 하니라(1절).

할례의 기원은 하나님께서 언약의 표징으로 아브라함에게 명령하신 것입니다(창 17:10~14). 이 의식은 언약공동체의 일원임을 뜻하는 표징으로 사용되었을 뿐인데, 시간이 흐르고 시대가 바뀌면서 사람들은 이 의식의 중심 사상을 상실하고 형식에 얽매이게 되었습니다.

안디옥 교회는 변론을 오래 끌면서 자기 실속을 차리려고 하는 거짓 선생들의 음흉한 생각을 알아차리고 어떤 결정을 내렸습니까?

> 바울과 바나바와 저희 사이에 적지 아니한 다툼과 변론이 일어난지라 형제들이 이 문제에 대하여 바울과 바나바와 및 그 중에 몇 사람을 예루살렘에 있는 사도와 장로들에게 보내기로 작정하니 저희가 교회의 전송을 받고 베니게와 사마리아로 다녀가며 이방인들의 주께 돌아온 일을 말하여 형제들을 다 크게 기쁘게 하더라(2~3절).

이단은 교회 안에 들어와서 변론과 분쟁을 일으킵니다. 이것은 사단이 교회를 깨고자 할 때 써먹는 수단입니다.

바울과 바나바가 할례 문제를 내어놓자 사도와 장로들은 이것을 어떻게 다루었습니까?

> 바리새파 중에 믿는 어떤 사람들이 일어나 말하되 이방인에게 할례 주고 모세의 율법을 지키라 명하는 것이 마땅하다 하니라 사도와 장로들이 이 일을 의논하러 모여 많은 변론이 있은 후에 베드로가 일어나 말하되 형제들아 너희도 알거니와 하나님이 이방인들로 내 입에서 복음의 말씀을 들어 믿게 하시려고 오래 전부터 너희 가운데서 나를 택하시고(5~7절).

이 때 베드로 사도가 일어나 말한 내용은 무엇입니까?

많은 변론이 있은 후에 베드로가 일어나 말하되 형제들아 너희도 알거니와 하나님이 이방인들로 내 입에서 복음의 말씀을 들어 믿게 하시려고 오래 전부터 너희 가운데서 나를 택하시고 또 마음을 아시는 하나님이 우리에게와 같이 저희에게도 성령을 주어 증거하시고 믿음으로 저희 마음을 깨끗이 하사 저희나 우리나 분간치 아니하셨느니라 그런데 지금 너희가 어찌하여 하나님을 시험하여 우리 조상과 우리도 능히 메지 못하던 멍에를 제자들의 목에 두려느냐 우리가 저희와 동일하게 주 예수의 은혜로 구원 받는 줄을 믿노라 하니라(7~11절).

베드로가 주장한 결론은 이방인이나 유대인이나 동일하게 주 예수의 은혜로 구원을 받는다는 사실입니다. 베드로의 증언이 끝난 후 그 변론에는 하나님의 말씀에 위배된 내용이 하나도 없었기에 반박할 수 없었고, 잠잠할 수밖에 없었습니다. 이 부분이 예루살렘 공의회에서 있었던 변론의 전환점이 되었습니다.

2. 공회의 결론 (15:12~29)

하나님께서 이방인들 앞에서 일으키신 표적과 기사를 바나바와 바울이 고하는 것을 듣고 야고보는 어떤 의견을 내어놓았습니까?

말을 마치매 야고보가 대답하여 가로되 형제들아 내 말을 들으라 … 그러므로 내 의견에는 이방인 중에서 하나님께로 돌아오는 자들을 괴롭게 말고 다만 우상의 더러운 것과 음행과 목매어 죽인 것과 피를 멀리 하라고 편지하는 것이 가하니 이는 예로부터 각 성에서 모세를 전하는 자가 있어 안식일마다 회당에서 그 글을 읽음이니라 하더라(13~21절).

야고보는 먼저 믿은 그리스도인들이 무엇을 해야 하는지 잘 파악하고 있었습니다. 어떤 올무를 씌우기보다 그들이 신앙적으로 성숙하여 스스로의 길을 걸을 수 있도록 인도해야 할 책임과 의무가 있음을 가르쳐 주었습니다.

사도들은 누구의 손에 회신을 들려 바울과 바나바를 동행하게 했으며, 그렇게 한 이유는 무엇이라고 생각합니까?

> 이에 사도와 장로와 온 교회가 그 중에서 사람을 택하여 바울과 바나바와 함께 안디옥으로 보내기를 가결하니 곧 형제 중에 인도자인 바사바라 하는 유다와 실라더라(22절).

유다는 예루살렘 공의회의 결의 사항을 안디옥에 전해 주는 일에 동참한 자였고, 실라는 예루살렘 교회의 유력 인물이었고, 예루살렘 총회의 결의 사항을 전해 주기 위한 동행자였으며, 로마식 이름인 "실루아노"(살전 1:1)라는 이름을 가진 것으로 보아 로마 시민이었을 것이며, 후에 바울의 두 번째 전도 여행의 동반자가 되었습니다(36~40절).

안디옥 교회에 나타났던 어떤 사람들은 왜 건전하지 못한 선생들이었는지 세 가지 이유를 말해보십시오.

> 들은즉 우리 가운데서 어떤 사람들이 우리의 시킨 것도 없이 나가서 말로 너희를 괴롭게 하고 마음을 혹하게 한다 하기로(24절).

사도들과 장로들의 대답과 계시의 말씀이 어떻게 같다고 했으며, 율법에서 자유함을 얻은 이방인 교회에서 주의하고 삼가야 할 것은 무엇입니까?

> 성령과 우리는 이 요긴한 것들 외에 아무 짐도 너희에게 지우지 아니하는 것이 가한 줄 알았노니 우상의 제물과 피와 목매어 죽인 것과 음행을 멀리 할지니라 이에 스스로 삼가면 잘되리라 평안함을 원하노라 하였더라(28~29절).

마치는 말

안디옥 교회는 자기도 알만큼 안다고 생각하여 자기 견해를 주장할 수도 있었지만, 교회의 지도자들이 가장 많이 있는 예루살렘에 사람들을 보내어 결론을 내리려고 했습니다. 이것은 화목을 존중하는 겸손한 모습입니다. "너희들이 무엇을 주장하든지 우리는 상관하지 않겠다"는 자세가 아니라 그들의 교리를 확인하고 같이 논의하여 교회가 같은 믿음을 가지도록 노력한 것입니다.

또한 예수와 맞먹는 권위를 가진 베드로 사도가 혼자 판단해서 결정하고 지시를 한 것이 아니라, 사도와 장로의 총회를 소집하여 민주적인 절차에 따라 토의를 하고 결정을 했습니다. 형제가 연합하여 무릎을 꿇고 하나님의 뜻을 분별하려고 하는 영적 지도자의 겸손한 자세를 배울 수 있습니다.

나의 삶에 적용

1) 이단에 빠진 자들이 와서 당신과 논쟁을 하려고 하면 어떻게 해야 합니까?

2) 예루살렘 총회를 통해 우리 교회가 배울 수 있는 교훈은 무엇입니까?

제 26 과

제2차 선교여행

■ 찬　송 : 270, 256장
■ 성경본문 : 행 15:30~16:5

오늘의 말씀 〈행 15:38~41〉

38바울은 밤빌리아에서 자기들을 떠나 한 가지로 일하러 가지
아니한 자를 데리고 가는 것이 옳지 않다 하여 39서로 심히 다투
어 피차 갈라서니 바나바는 마가를 데리고 배타고 구브로로 가
고 40바울은 실라를 택한 후에 형제들에게 주의 은혜에 부탁함
을 받고 떠나 41수리아와 길리기아로 다녀가며 교회들을 굳게
하니라

안디옥

교회에 발생한 율법주의 문제를 해결한 바울과 바나바는 오랫동안 안디옥 교회를 지도한 후에 다시 선교여행을 가려고 합니다. 제2차 선교여행은 바울이 먼저 제안했는데, 주요 목적은 그들이 선교한 교회들을 돌아보는 것이었습니다. 바나바도 동의하였으나 문제는 같이 선교할 동역자로 누구를 데려 가느냐 하는 것이었습니다. 바나바는 마가를 데리고 가자고 했고, 바울은 안 된다고 했습니다. 이 일로 크게 다투고 둘은 갈라졌습니다. 바나바는 마가와 함께 수로를 통해 구브로로 가고, 바울은 실라와 함께 육로를 통해 길리기아 쪽으로 갔습니다.

1. 사도들의 편지를 받은 안디옥 교회 (15:30~35)

사도들의 편지를 받은 안디옥 교회는 어떤 반응을 보였습니까?

> 저희가 작별하고 안디옥에 내려가 무리를 모은 후에 편지를 전하니 읽고 그 위로한 말을 기뻐하더라(30~31절).

2. 바울의 2차 전도 여행 시작 (15:36~41)

두 사도가 예루살렘을 방문하고 난 후 바울이 바나바에게 무엇을 하자고 제안했습니까?

> 수일 후에 바울이 바나바더러 말하되 우리가 주의 말씀을 전한 각 성으로 다시 가서 형제들이 어떠한가 방문하자 하니(36절).

제1차 선교여행은 성령의 지시에 따라 안디옥 교사들이 안수하여 파송했지만, 이번 2차 선교여행은 바울이 계획을 하였습니다. 바울은 예루살렘 회의의 결정과 안디옥 교회의 부흥과 성장을 통해 선교여행의 사명을 더욱 느낀 것입니다. 이전에 전도했던 지역을 찾아가 예루살렘 총회의 결의사항을 전달하려고 했습니다.

바나바와 바울의 의견은 어떻게 달랐습니까?

> 바나바는 마가라 하는 요한도 데리고 가고자 하나 바울은 밤빌리아에서 자기들을 떠나 한가지로 일하러 가지 아니한 자를 데리고 가는 것이 옳지 않다 하여(37~38절).

바나바가 마가를 데리고 가고자 한 것은 ① 마가가 생질이었으며 ② 이방인 전도에 경험이 있고 ③ 젊었을 때 한 번의 잘못을 용서하고 기회를 주자는 의미였습니다.

그러나 바울이 반대한 이유는 ① 밤빌리아에서 자기들을 버리고 갔으며 ② 마가가 떠남으로써 심리적 타격과 전도 사역에 지장이 많았으며 ③ 힘든 전도사역을 다시 배신하지 않고 끝까지 수행할 지 의심스러웠기 때문이었습니다.

의견이 달랐던 바울과 바나바는 어떻게 했습니까?

> 서로 심히 다투어 피차 갈라서니 바나바는 마가를 데리고 배 타고 구브로로 가고 바울은 실라를 택한 후에 형제들에게 주의 은혜에 부탁함을 받고 떠나 수리아와 길리기아로 다녀가며 교회들을 굳게 하니라(39~41절).

하나님의 은혜로 선교의 결과가 좋게 나타났지만 하나님의 일꾼들이 교회 안에서 다투고 갈라선 행동은 옳지 않습니다. 교회에서 갈라져 나온 사람들이 자기를 정당화하기 위해 바울과 바나바의 다툼을 예로 드는 것은 잘못된 행동입니다. 바울은 노후에 디모데에게 마가를 데려오라고 했습니다(딤후 4:11). 같이 일하다가 다툴 수도 있지만 분을 오래 품지 말고, 마귀가 틈을 타지 못하게 해야 합니다(엡 4:26~27).

3. 디모데 (16:1~5)

루스드라에 이르러서 바울은 디모데를 제자로 택하였는데, 그는 어떤 사람이었습니까?

> 바울이 더베와 루스드라에도 이르매 거기 디모데라 하는 제자가 있으니 그 모친은 믿는 유대 여자요 부친은 헬라인이라 디모데는 루스드라와 이고니온에 있는 형제들에게 칭찬 받는 자니(16장 1~2절).

디모데는 그의 부친은 헬라인이고, 모친(유니게)은 유대인이었습니다. 그는 어려서부터 성경을 가까이했으며(딤후 3:15), 루스드라와 이고니온에 있는 그리스도인들에게 칭찬을 받을 만큼 성숙한 신앙 인격자였습니다. 디모데에게 할례를 베푼 것은 바울이 유대인들을 구원하기 위한 노력이었습니다. 디모데가 할례를 받지 않고 복음을 전하면 불신 유대인들이 복음을 강하게 반대할 것이고, 복음에 훼방거리를 만들지 않기 위해서 디모데에게 할례를 베푼 것입니다.

바울과 디모데는 교회들을 돌아보면서 무엇을 하였으며, 그 결과는 어떻게 나타났습니까?

> 여러 성으로 다녀 갈 때에 예루살렘에 있는 사도와 장로들의 작정한 규례를 저희에게 주어 지키게 하니 이에 여러 교회가 믿음이 더 굳어지고 수가 날마다 더하니라(4~5절).

마치는 말

예루살렘의 사도회의가 결정한 사항은 당시의 이방교회에 큰 힘이 되었고, 예루살렘 교회가 보낸 편지와 파송된 제자들도 안디옥 교회에 격려와 위로를 주었습니다. 그리하여 안디옥 교회도 든든히 서 가고 이방선교도 더욱 힘을 얻게 되었습니다. 이를 통해 교회에 지도자가 얼마나 중요하며, 교회를 위로하고 격려하는 일이 얼마나 중요한지를 배우게 됩니다. 또한 바나바와 바울이 갈라지는 부정적인 것을 통해서도 우리의 신앙생활에 중요한 교훈을 얻게 됩니다.

나의 삶에 적용

1) 바울의 제2차 선교여행의 목적은 무엇이었습니까?

2) 교회는 어떤 제자와 일꾼이 필요합니까?

제 27 과

빌립보 성에서의 구원 사역

■ 찬　송 : 253, 252장
■ 성경본문 : 행 16:6~40

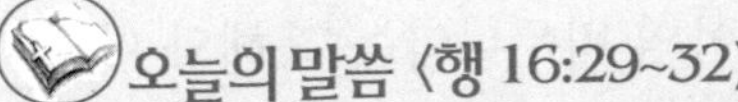

오늘의 말씀 〈행 16:29~32〉

29간수가 등불을 달라고 하며 뛰어 들어가 무서워 떨며 바울과
실라 앞에 부복하고 30저희를 데리고 나가 가로되 선생들아 내
가 어떻게 하여야 구원을 얻으리이까 하거늘 31가로되 주 예수
를 믿으라 그리하면 너와 네 집이 구원을 얻으리라 하고 32주의
말씀을 그 사람과 그 집에 있는 모든 사람에게 전하더라

바울 일행이 소아시아 지역에서 선교하는 것을 허락하지 않으시고 오히려 환상을 통해 유럽 지역의 마게도냐로 가서 선교하라고 하셨습니다. 기독교 선교사에 큰 전환점이 됩니다. 바울과 일행은 마게도냐로 가서 그 지역의 첫 성인 빌립보에 들어가게 됩니다.

본문에는 한 사람이 믿게 되자 그로 인해 온 가족이 복음을 받아들여 구원을 받는 사건이 두 번 나옵니다. 바울이 안식일에 기도처를 찾다가 강가에서 전도한 루디아 가정과 바울과 실라를 가두었던 감옥을 지키던 간수의 가정입니다.

1. 마게도냐에서의 부름 (16:6~10)

아시아에 복음을 전하고 싶었던 바울은 어떤 경험을 했습니까?

> 성령이 아시아에서 말씀을 전하지 못하게 하시거늘 브루기아와 갈라디아 땅으로 다녀가 무시아 앞에 이르러 비두니아로 가고자 애쓰되 예수의 영이 허락지 아니하시는지라(6~7절).

바울이 가려고 노력했던 아시아의 비두니아는 흑해와 마르마라해의 남쪽에 자리 잡은 지방으로서 당시 소아시아에서 수준 높은 사람들이 살고 있던 지역이었습니다.

드로아에서 바울은 어떤 환상을 보았으며, 어떻게 하였습니까?

> 무시아를 지나 드로아로 내려갔는데 밤에 환상이 바울에게 보

이니 마게도냐 사람 하나가 서서 그에게 청하여 가로되 마게도냐로 건너와서 우리를 도우라 하거늘 바울이 이 환상을 본 후에 우리가 곧 마게도냐로 떠나기를 힘쓰니 이는 하나님이 저 사람들에게 복음을 전하라고 우리를 부르신 줄로 인정함이러라(8~10절).

바울이 아시아에서 성령의 명령에 따라 복음을 전하지 못하고 유럽인 마게도냐에 발걸음을 옮긴 그 순간이 세계 역사를 바꾸어 놓는 신기원이 되었습니다. 기독교를 받아들인 유럽은 서구 문명의 꽃을 피우며 선진국으로 탈바꿈하는 계기가 되었고, 아시아는 문명이 낙후된 지역으로 남게 되었기 때문입니다.

2. 빌립보 성에서의 구원 사역 (16:11~40)

바울은 빌립보에서 안식일에 무엇을 했으며, 어떤 일이 있었습니까?

거기서 빌립보에 이르니 이는 마게도냐 지경 첫 성이요 또 로마의 식민지라 이 성에서 수일을 유하다가 안식일에 우리가 기도처가 있는가 하여 문밖 강가에 나가 거기 앉아서 모인 여자들에게 말하더니 두아디라성의 자주 장사로서 하나님을 공경하는 루디아라 하는 한 여자가 들었는데 주께서 그 마음을 열어 바울의 말을 청종하게 하신지라 저와 그 집이 다 세례를 받고 우리에게 청하여 가로되 만일 나를 주 믿는 자로 알거든 내 집에 들어와 유하라 하고 강권하여 있게 하니라(12~15절).

빌립보는 네압볼리에서 16km 서북쪽에 위치한 성읍으로 B.C.

356년 마게도냐의 필립 2세는 이 성읍의 중요성을 인식하여 자신의 이름을 붙였고, 그후 로마에 정복당하자 로마제국의 일부가 되었습니다. 신약시대의 빌립보는 농업의 중심지였을 뿐만 아니라 바다가 가까이 있는 관계로 무역의 중심지였으며 또한 아시아와 서방을 잇는 통로 겸 전략적인 요충지였습니다.

기도하는 곳에 가다가 바울과 실라에게 어떤 일이 있었습니까?

> 우리가 기도하는 곳에 가다가 점하는 귀신 들린 여종 하나를 만나니 점으로 그 주인들을 크게 이하게 하는 자라 바울과 우리를 좇아와서 소리 질러 가로되 이 사람들은 지극히 높은 하나님의 종으로 구원의 길을 너희에게 전하는 자라 하며 이같이 여러 날을 하는지라 바울이 심히 괴로와하여 돌이켜 그 귀신에게 이르되 예수 그리스도의 이름으로 내가 네게 명하노니 그에게서 나오라 하니 귀신이 즉시 나오니라(16~18절).

귀신을 쫓아내는 능력은 그리스도께서 복음 전도자들에게 주신 능력 가운데 하나로 그리스도께서 귀신들의 정복자임을 나타내는 표적이었으며, 이 능력은 예수의 이름으로 가능했습니다(마 4:28, 8:16; 막 3:22; 눅 4:41; 행 19:13~16).

종의 주인들은 왜 바울과 실라를 잡아가려고 했으며, 바울과 실라는 어떤 고난을 당하게 됩니까?

> 종의 주인들은 자기 이익의 소망이 끊어진 것을 보고 바울과 실라를 잡아 가지고 저자로 관원들에게 끌어갔다가 상관들 앞에 데리고 가서 말하되 이 사람들이 유대인인데 우리 성을 심

히 요란케 하여 로마 사람인 우리가 받지도 못하고 행치도 못할 풍속을 전한다 하거늘 무리가 일제히 일어나 송사하니 상관들이 옷을 찢어 벗기고 매로 치라 하여 많이 친 후에 옥에 가두고 간수에게 분부하여 든든히 지키라 하니 그가 이러한 영을 받아 저희를 깊은 옥에 가두고 그 발을 착고에 든든히 채웠더니(19~24절).

여종의 점치는 것으로 돈을 벌던 주인들은 수입이 막히게 되자 크게 노하였습니다. 그들은 복음전파에 대해서는 말할 것도 없고, 여종의 구원에 대해서도 전혀 관심이 없었습니다. 오직 자기들의 수입에만 관심이 있었던 것입니다.

감옥에 갇히게 된 바울과 실라가 한 행동과, 바울과 실라를 지키던 간수에게 일어난 일들을 설명해보십시오.

밤중쯤 되어 바울과 실라가 기도하고 하나님을 찬미하매 죄수들이 듣더라 이에 홀연히 큰 지진이 나서 옥터가 움직이고 문이 곧 다 열리며 모든 사람의 매인 것이 다 벗어진지라 간수가 자다가 깨어 옥문들이 열린 것을 보고 죄수들이 도망한줄 생각하고 검을 빼어 자결하려 하거늘 바울이 크게 소리 질러 가로되 네 몸을 상하지 말라 우리가 다 여기 있노라 하니 간수가 등불을 달라고 하며 뛰어 들어가 무서워 떨며 바울과 실라 앞에 부복하고 저희를 데리고 나가 가로되 선생들아 내가 어떻게 하여야 구원을 얻으리이까 하거늘 가로되 주 예수를 믿으라 그리하면 너와 네 집이 구원을 얻으리라 하고(25~31절).

당시 로마법에는 죄수가 도망을 가면 그를 지키던 간수가 그 죄수의 형량만큼 형을 살도록 규정되어 있었으므로, 자신이 대신할 형량과 함께 죄수를 놓친 간수는 수모가 두려웠기 때문에 자결하려고 했던 것입니다.

날이 샌 후에 일어난 일들을 정리해 보십시오.

> 날이 새매 상관들이 아전을 보내어 이 사람들을 놓으라 하니 간수가 이 말대로 바울에게 고하되 상관들이 사람을 보내어 너희를 놓으라 하였으니 이제는 나가서 평안히 가라 하거늘 바울이 이르되 로마 사람인 우리를 죄도 정치 아니하고 공중 앞에서 때리고 옥에 가두었다가 이제는 가만히 우리를 내어 보내고자 하느냐 아니라 저희가 친히 와서 우리를 데리고 나가야 하리라 한대 아전들이 이 말로 상관들에게 고하니 저희가 로마 사람이라 하는 말을 듣고 두려워하여 와서 권하여 데리고 나가 성에서 떠나기를 청하니 두 사람이 옥에서 나가 루디아의 집에 들어가서 형제들을 만나보고 위로하고 가니라(35~40절).

상관들은 바울과 실라가 로마사람이라는 아전들의 보고를 받고 두려워하였는데, 당시 로마 시민은 로마의 보호 아래 로마 행정 지역의 어느 곳이나 여행하며, 본인의 동의 하에서만 지방 법률에 따라 재판을 받도록 규정하고 있었고, 또한 곤란한 문제일 경우에는 황제에게 재판을 받기 위해 호소할 수 있었습니다.

마치는 말

바울과 실라가 감옥에서 기도하고 찬미했던 밤중은 밤12시만을 가리키는 것은 아닙니다. 우리가 당하는 고난이나 역경의 시간이 인생에 있어서 밤입니다. 가장 혹독한 고난을 당하거나 견디기 힘든 때를 밤중이라고 할 수 있습니다. 혹시 당신은 이런 고통의 밤중에 기도하고 찬양하다가 하나님을 만난 체험이 있습니까? 그때 옥문이 열리고 쇠사슬이 벗겨지는 것과 같은 기적은 없었습니까?

우리가 힘들고 어려울 때 살아 계신 하나님께 기도하고 찬양하면 바울과 실라와 같이 문제가 해결되고 평안의 복을 받는 기적이 일어날 것입니다.

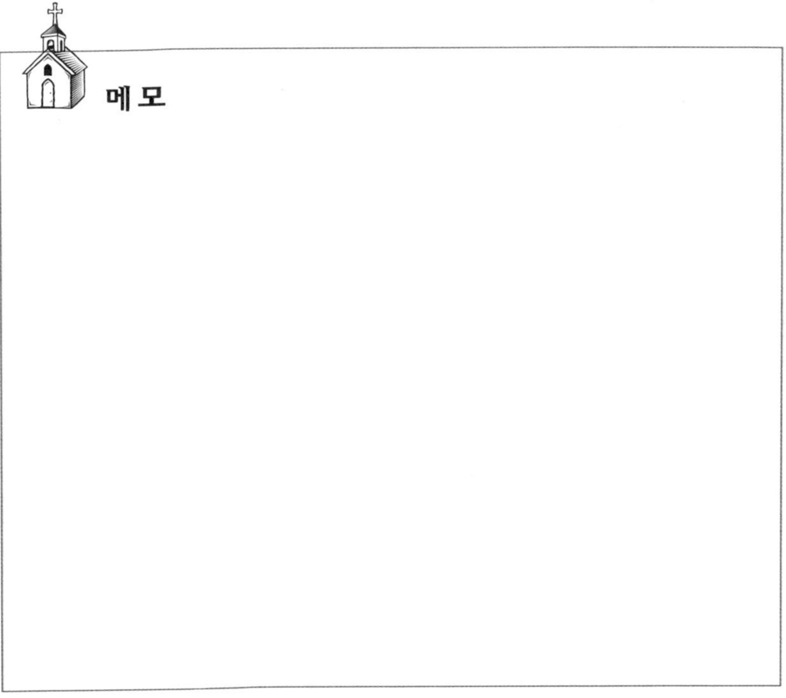

나의 삶에 적용

1) 16장 31절을 외우고 가족 전도를 위해 결단하는 시간을 가지십시오.

2) 감옥에서 기도하고 하나님을 찬미했던 바울의 모습을 생각하며 가족, 친척, 이웃의 구원과 교회를 위해서 기도하십시오.

제 28 과

데살로니가와 베뢰아에서의 선교

■ 찬　송 : 236, 235장
■ 성경본문 : 행 17:1~15

오늘의 말씀 〈행 17:10~12〉

10밤에 형제들이 곧 바울과 실라를 베뢰아로 보내니 저희가 이
르러 유대인의 회당에 들어가니라 11베뢰아 사람은 데살로니가
에 있는 사람보다 더 신사적이어서 간절한 마음으로 말씀을 받
고 이것이 그러한가 하여 날마다 성경을 상고하므로 12그 중에
믿는 사람이 많고 또 헬라의 귀부인과 남자가 적지 아니하나

빌립보 선교를 통해 루디아의 집에 교회를 세운 바울 일행은 다음 지역의 선교를 위해 떠납니다. 그들이 도착한 곳은 데살로니가였습니다. 여기서도 바울은 안식일에 회당에서 구약성경을 이용하여 예수님에 대한 복음을 전합니다. 바울이 세 번의 안식일에 걸쳐 복음을 전하자 많은 헬라인들이 믿게 되었습니다. 그러나 유대인들은 시기가 가득하여 괴악한 사람들을 선동하여 박해를 시작했습니다.

1. 데살로니가 (17:1~9)

바울 일행이 데살로니가의 유대인 회당에서 한 일은 무엇입니까?

> 바울이 자기의 규례대로 저희에게로 들어가서 세 안식일에 성경을 가지고 강론하며 뜻을 풀어 그리스도가 해를 받고 죽은 자 가운데서 다시 살아야 할 것을 증명하고 이르되 내가 너희에게 전하는 이 예수가 곧 그리스도라 하니(2~3절).

당시 데살로니가는 수백 년의 역사를 가진 마게도냐의 정치, 경제의 중심도시로 여러 민족이 함께 모여 살고 있었습니다. 바울 일행은 이곳에 도착해서 먼저 도시 안에 있는 유대인 회당을 찾아가 복음을 전했습니다. 바울이 유대인에게 복음을 전한 방법은 1차 선교여행 때와 똑같았고, 안식일에 청중에게 구약말씀을 가지고 토론을 벌인 것도 같았습니다.

복음을 듣고 어떤 사람들이 바울과 실라를 좇았습니까?

> 그 중에 어떤 사람 곧 경건한 헬라인의 큰 무리와 적지 않은 귀부인도 권함을 받고 바울과 실라를 좇으나(4절).

여기서 "경건한 헬라인"이란 일반적으로 '하나님을 두려워하는 이방인'을 가리킵니다. 이들은 아직 할례를 받지 않았으나 회당에서 예배를 드렸습니다. 또한 "귀부인"은 데살로니가의 높은 지위에 있는 귀족들의 아내를 가리킵니다.

그러나 시기가 가득한 유대인들은 어떤 일을 일으켰습니까?

> 그러나 유대인들은 시기하여 저자의 어떤 괴악한 사람들을 데리고 떼를 지어 성을 소동케 하여 야손의 집에 달려들어 저희를 백성에게 끌어 내려고 찾았으나 발견치 못하매 야손과 및 형제를 끌고 읍장들 앞에 가서 소리질러 가로되 천하를 어지럽게 하던 이 사람들이 여기도 이르매 … 무리와 읍장들이 이 말을 듣고 소동하여 야손과 그 나머지 사람들에게 보를 받고 놓으니라(5~9절).

바울이 야손의 집에 들었으므로 유대인들은 야손의 집을 습격하였다가 바울을 찾지 못하자 야손과 다른 성도들을 고발했습니다. 그들의 고발 내용은 유대 종교지도자들이 예수님을 빌라도에게 고발했던 것과 같은 내용이었습니다. 로마 황제를 거역하고 예수라는 다른 임금을 선전한다는 것입니다. 처음에는 관리들이 소동하였으나 야손과 성도들로부터 보증금을 받고 놓아주었습니다.

2. 베뢰아 (17:10~15)

베뢰아 사람은 어떤 특징이 있었습니까?

> 베뢰아 사람은 데살로니가에 있는 사람보다 더 신사적이어서 간절한 마음으로 말씀을 받고 이것이 그러한가 하여 날마다 성경을 상고하므로 그중에 믿는 사람이 많고 또 헬라의 귀부인과 남자가 적지 아니하나(11~12절).

베뢰아는 데살로니가 남서쪽으로 약 80km 정도 떨어진 도시입니다. 베뢰아 사람들이 신사적이라는 말의 뜻은 가문이나 인품이 남다르고 고상하다는 것입니다. 베뢰아 사람들을 통해 신앙인의 고상함과 성경말씀을 대하고 다루는 마음의 자세를 배울 수 있습니다. 베뢰아 사람들은 말씀을 들을 때 성서적으로 맞는 내용인지 상고하는 바른 자세를 가졌고, 성경을 상고하는 사람들은 복음을 잘 받아들인다는 것을 알 수 있습니다. 베뢰아 사람들은 복음을 잘 받아들였고, 데살로니가 사람들처럼 박해도 하지 않았습니다.

베뢰아에서 어떤 소동이 있었습니까?

> 데살로니가에 있는 유대인들이 바울이 하나님 말씀을 베뢰아에서도 전하는 줄을 알고 거기도 가서 무리를 움직여 소동케 하거늘(13절).

형제들이 바울을 어떻게 인도하였습니까?

> 형제들이 곧 바울을 내어 보내어 바다까지 가게 하되 실라와 디모데는 아직 거기 유하더라 바울을 인도하는 사람들이 데리고 아덴까지 이르러 바울에게서 실라와 디모데를 자기에게로 속히 오게 하라는 명을 받고 떠나니라(14~15절).

결국 바울이 아덴으로 가고, 실라와 디모데는 베뢰아에 남았습니다. 바울이 먼저 떠난 것은 바울이 복음을 전하는 것이 유대인들 보기에 과격했고, 바울에게 박해가 심했기 때문입니다. 실라와 디모데가 남은 것은 베뢰아에서 아직도 할 일이 남았고, 교회가 어느 정도 설 수 있도록 돕는 일이 있었기 때문입니다.

마치는 말

베뢰아 사람들을 통해서 성도들이 설교를 듣는 자세를 배울 수 있습니다. 성도들이 설교를 듣는 가장 좋은 자세는 하나님의 말씀으로 믿고 받아들이는 것입니다. 그러나 요즘엔 이단이나 사이비와 같은 종교지도자들이 많고, 그들이 가르치는 내용이 바른지 혹은 틀린지 구별하기가 힘듭니다. 이때 성도들의 올바른 자세는 설교를 듣다가 처음 듣는 내용이나 성경과 다른 내용이 나오면 성경에 비추어 판단해보는 것입니다.

하나님께서 우리 각자에게 성경을 주신 것은 성경에 비추어 우리 스스로가 판단할 수 있도록 하기 위해서입니다. 성도들은 스스로 성경을 가까이 하며, 성경말씀을 통해 항상 바른 교훈으로 자신을 지켜야 합니다.

나의 삶에 적용

1) 사도행전 17장 4절을 통해 전도에 대한 바뀐 생각이 있으면 이야기해보십시오.

2) 베뢰아 신자들의 신앙자세를 통해서 배울 점을 이야기해보십시오.

제 29 과

아레오바고 설교

■ 찬　송 : 102, 101장
■ 성경본문 : 행 17:16~34

오늘의 말씀 〈행 17:22~23〉

22바울이 아레오바고 가운데 서서 말하되 아덴 사람들아 너희를
보니 범사에 종교성이 많도다 23내가 두루 다니며 너희의 위하
는 것들을 보다가 알지 못하는 신에게라고 새긴 단도 보았으니
그런즉 너희가 알지 못하고 위하는 그것을 내가 너희에게 알게
하리라

베뢰아에서

박해를 피해 아덴으로 온 바울은 디모데와 실라를 기다리다가 아덴에 가득한 우상을 보고 심히 격분하였습니다. 그래서 회당에서 유대인들을 만나서 토론하고 시장에서도 날마다 만나는 사람들과 토론하였습니다. 바울은 에비구레오(에피큐리언)와 스도이고(스토익) 사람들과도 변론을 하였는데, 그들은 바울의 가르침에 대해 궁금해 하며 그를 아레오바고로 데려갔습니다. 바울은 그들에게 설교를 했는데 회당에서 한 설교와는 달랐습니다. 설교를 듣는 청중이 달랐기 때문입니다.

1. 아덴 (17:16~21)

바울은 아덴에서 어떤 것을 보았고, 분을 참지 못해 어떻게 했습니까?

> 바울이 아덴에서 저희를 기다리다가 온 성에 우상이 가득한 것을 보고 마음에 분하여 회당에서는 유대인과 경건한 사람들과 또 저자에서는 날마다 만나는 사람들과 변론하니(16~17절).

아덴은 헬라 문화를 꽃피운 그리스의 수도 아테네입니다. 정치와 철학의 중심지로서 당시에도 헬라 문화를 대표하는 상징적인 존재로 남아있었습니다.

아덴에서 바울은 또 어떤 사람들과 변론했으며, 변론의 핵심은 무엇이었습니까?

> 어떤 에비구레오와 스도이고 철학자들도 바울과 쟁론할새 혹은 이르되 이 말장이가 무슨 말을 하고자 하느뇨 하고 혹은 이르되 이방 신들을 전하는 사람인가보다 하니 이는 바울이 예수와 또 몸의 부활 전함을 인함이러라(18절).

에비구레오 학파(Epicureans)는 신을 포함한 모든 만물이 원자라는 물질로 구성되어 있다고 믿고, 신을 물질로 생각할 정도로 유물론적인 그 시대 가장 인기 있는 학파였습니다. 그러나 육신으로 즐기는 행복만을 최고의 선이라고 하는 극단적인 사상은 아니었고, 정의나 절제나 평안을 통해 얻는 정신적 행복이 육적인 것보다 중요하다고 주장했습니다.

스도이고 학파(Stoics)는 인생을 어떻게 살 것인가를 중요한 관심사로 삼았고, 선하게 사는 것을 중시하였습니다. 그래서 자신의 운명이나 처한 환경을 거역하기보다는 만족하고 사는 것이 자연과 조화를 이룰 수 있는 최선의 삶이라고 가르쳤습니다.

2. 아레오바고 설교 (17:22~34)

바울을 붙들어 간 곳은 어디며, 어떤 내용으로 설교를 시작했습니까?

> 붙들어 가지고 아레오바고로 가며 말하기를 우리가 너의 말하는 이 새 교가 무엇인지 알 수 있겠느냐 네가 무슨 이상한 것을 우리 귀에 들려 주니 그 무슨 뜻인지 알고자 하노라 하니 … 바울이 아레오바고 가운데 서서 말하되 아덴 사람들아 너희를 보

니 범사에 종교성이 많도다 내가 두루 다니며 너희의 위하는 것들을 보다가 알지 못하는 신에게라고 새긴 단도 보았으니 그런즉 너희가 알지 못하고 위하는 그것을 내가 너희에게 알게 하리라(19~23절).

아레오바고는 아테네에 있는 석회암 언덕을 가리키는 이름으로, 아덴시의 회의가 열리던 장소(혹은 법정)를 가리킵니다. 아레오바고로 갔다거나 아레오바고에서 말했다는 것은 아덴의 회의에서 말했다는 것을 의미합니다. 여기서 "종교성이 많다"는 말은 칭찬이 아니라 그들이 미신적이라는 의미입니다.

아레오바고에서 바울이 말하는 하나님은 어떤 분이십니까?

우주와 그 가운데 있는 만유를 지으신 신께서는 천지의 주재시니 손으로 지은 전에 계시지 아니하시고 또 무엇이 부족한 것처럼 사람의 손으로 섬김을 받으시는 것이 아니니 이는 만민에게 생명과 호흡과 만물을 친히 주시는 자이심이라 인류의 모든 족속을 한 혈통으로 만드사 온 땅에 거하게 하시고 저희의 년대를 정하시며 거주의 경계를 한하셨으니 이는 사람으로 하나님을 혹 더듬어 찾아 발견케 하려 하심이로되 그는 우리 각 사람에게서 멀리 떠나 계시지 아니하도다 우리가 그를 힘입어 살며 기동하며 있느니라(24~28절).

우리가 우상숭배를 할 수 없는 이유는 무엇입니까?

이와 같이 신의 소생이 되었은즉 신을 금이나 은이나 돌에다 사람의 기술과 고안으로 새긴 것들과 같이 여길 것이 아니니라(29절).

여기 "신의 소생"이란 의미는 범신론적인 의미에서 한 것이 아니라 하나님에 의해 그의 형상을 따라 그의 모양대로 지음 받은 존재라는 성경적인 인간론의 의미에서 한 것입니다(창 1:26, 27).

현대를 살아가는 우리들에게 하나님께서 명령하신 것은 무엇이며, 그 이유는 무엇입니까?

> 알지 못하던 시대에는 하나님이 허물치 아니하셨거니와 이제는 어디든지 사람을 다 명하사 회개하라 하셨으니 이는 정하신 사람으로 하여금 천하를 공의로 심판할 날을 작정하시고 이에 저를 죽은 자 가운데서 다시 살리신 것으로 모든 사람에게 믿을 만한 증거를 주셨음이니라 하니라(30~31절).

헬라 사람들에게 부활을 전하는 것은 매우 어려운 일이었습니다. 헬라 사람들은 전통적으로 영과 육을 구분하였고, 영은 선하고 육은 약하다고 생각하여 악한 육의 부활은 바람직하지 않다고 보았기 때문입니다. 바울이 전한 아레오바고 설교에서 부활에 대한 말을 듣고 일부 사람들이 조롱한 것을 보아도 이것을 알 수 있습니다. 그러나 바울은 이에 아랑곳하지 않고 용기 있게 부활을 전했습니다.

바울의 설교를 들은 사람들의 반응은 어떠했습니까?

> 저희가 죽은 자의 부활을 듣고 혹은 기롱도 하고 혹은 이 일에 대하여 네 말을 다시 듣겠다 하니 이에 바울이 저희 가운데서 떠나매 몇 사람이 그를 친하여 믿으니 그 중 아레오바고 관원 디오누시오와 다마리라 하는 여자와 또 다른 사람들도 있었더

라(32~34절).

마치는 말

오늘 본문에서 바울의 위대한 열정과 용기를 배울 수 있습니다. 이는 하나님에 대한 사랑과 이웃에 대한 사랑이 넘쳐서 나타난 모습입니다. 특히 회당을 중심으로만 해서는 선교가 되지 않을 것으로 보이자 바울은 과감하게 시장에서 선교를 시작한 것입니다. 그 결과 바울은 아레오바고에서 설교를 하였는데 거기서 이방인들에게 적합한 설교를 하는 지혜를 보여주었습니다. 이를 통해서 바울은 선교사와 설교자의 귀중한 모범이 되었습니다.

나의 삶에 적용

1) 우상은 무엇이며, 왜 우상숭배를 해서는 안 됩니까?

2) 바울과 같이 어느 곳에서든지 복음을 전하는 성도들이 되도록 기도하십시오.

제 30 과

고린도에서의 전도

■ 찬　송 : 276, 376장
■ 성경본문 : 행 18:1~17

오늘의 말씀 ⟨행 18:5~6⟩

[5]실라와 디모데가 마게도냐로서 내려오매 바울이 하나님의 말
씀에 붙잡혀 유대인들에게 예수는 그리스도라 밝히 증거하니 [6]
저희가 대적하여 훼방하거늘 바울이 옷을 떨어 가로되 너희 피
가 너희 머리로 돌아갈 것이요 나는 깨끗하니라 이후에는 이방
인에게로 가리라 하고

아덴에서 선교한 후 바울은 고린도로 갔습니다. 고린도에서는 아굴라와 브리스길라 부부를 만나 장막 만드는 일을 같이 하며 안식일에는 회당에서 복음을 전했습니다. 그 후 실라와 디모데가 마게도냐에서 내려와서 같이 선교사역을 합니다. 이때 유대인들이 바울의 복음을 듣고 대적하므로 바울은 옷을 떨며 이제는 이방인에게로 갈 것이라고 말합니다.

1. 고린도 (18:1~4)

고린도에서 바울은 누구를 만났으며, 그들은 어떤 사람이었습니까?

> 이 후에 바울이 아덴을 떠나 고린도에 이르러 아굴라라 하는 본도에서 난 유대인 하나를 만나니 글라우디오가 모든 유대인을 명하여 로마에서 떠나라 한고로 그가 그 아내 브리스길라와 함께 이달리야로부터 새로 온지라 바울이 그들에게 가매(1~2절).

… 고린도는 정치, 군사, 상업 면에서 아덴과 쌍벽을 이루고 있었던 도시로 중요한 선교의 요충지였습니다. 고린도에는 유명한 신전이 있었고, 그곳의 사창가는 국제적으로 악명을 떨치고 있었습니다.

바울은 아굴라와 함께 어떤 일을 하였으며, 당신의 직업관은 어

떠합니까?

> 업이 같으므로 함께 거하여 일을 하니 그 업은 장막을 만드는 것이더라 안식일마다 바울이 회당에서 강론하고 유대인과 헬라인을 권면하니라(3~4절).

바울과 아굴라에게서 선교와 직업은 별개가 아니라 직업은 곧 선교의 수단이요 현장이었습니다. 바울처럼 자비량으로 선교하는 사역자를 비난해서도 안 되고, 교회에 생활을 의존하는 사역자를 비판해서도 안 됩니다. 중요한 것은 하나님을 사랑하며, 이웃을 사랑하는 자세로 최선을 다해 사역하는 것입니다. 온전히 교회 사역에만 매달려야 할 사역자가 굳이 바울을 흉내 내기 위해 생업을 가지는 것은 위선입니다. 또한 자신의 모든 부담을 교회에 짐을 지우며 미루는 것도 조심해야 합니다. 사역자들마다 형편이 다르므로 그에 맞는 사역 자세가 필요하기 때문입니다.

2. 바울의 고린도에서의 전도 사역 (18:5~17)

실라와 디모데가 내려온 후 어떤 일들을 하였습니까?

> 실라와 디모데가 마게도냐로서 내려오매 바울이 하나님의 말씀에 붙잡혀 유대인들에게 예수는 그리스도라 밝히 증거하니 저희가 대적하여 훼방하거늘 바울이 옷을 떨어 가로되 너희 피가 너희 머리로 돌아갈 것이요 나는 깨끗하니라 이 후에는 이방인에게로 가리라 하고 … (5~7절).

여기에서 "하나님의 말씀에 붙잡혀"라는 말은 바울이 성령에게 강권함을 받아 고린도에 머무는 동안 계속해서 하나님의 말씀, 즉 예수가 그리스도라는 사실을 전하는 일에 전념하였다는 뜻입니다.

또한 옷을 떠는 행위는 예로부터 엄숙한 맹세를 할 때에 사용하던 방식이었는데, 바울은 이 행동을 통해서 복음을 거절한 유대인들에게 그들의 생명에 대해서 더 이상 어떤 책임도 지지 않겠다는 단호한 결심을 나타낸 것입니다.

고린도 선교에서 거둔 열매는 무엇이며, 주님께서 어떤 격려를 하십니까?

> 또 회당장 그리스보가 온 집으로 더불어 주를 믿으며 수다한 고린도 사람도 듣고 믿어 세례를 받더라 밤에 주께서 환상 가운데 바울에게 말씀하시되 두려워하지 말며 잠잠하지 말고 말하라 내가 너와 함께 있으매 아무 사람도 너를 대적하여 해롭게 할 자가 없을 것이니 이는 이 성중에 내 백성이 많음이라 하시더라(8~10절).

주님이 바울을 격려하시는 이유는 담대하게 계속 복음을 전하도록 하기 위함이었습니다. 격려의 내용은 ① 주님이 함께 하신다는 것, ② 아무도 바울을 해하지 못한다는 것, ③ 그곳에 주님의 백성이 많다는 것이었습니다.

바울은 주님의 격려를 받고 나서 고린도에서 일 년 육 개월을 유하면서 하나님의 말씀을 가르쳤습니다.

유대인이 바울을 대적하여 재판 자리로 데려 간 때는 언제이며, 그들이 고소한 내용은 무엇입니까?

> 갈리오가 아가야 총독 되었을 때에 유대인이 일제히 일어나 바울을 대적하여 재판 자리로 데리고 와서 말하되 이 사람이 율법을 어기어 하나님을 공경하라고 사람들을 권한다 하거늘 (12~13절).

바울에 대한 유대인들의 고소 내용은 그가 로마법으로 인정하지 않는 불법 종교를 전한다는 것이었고, 그러므로 더 이상 바울이 기독교라는 불법 종교를 전하지 못하도록 처벌을 해야 한다는 것이었습니다.

바울을 고소한 것에 대해서 갈리오 총독은 어떻게 처리했으며, 유대인들은 어떤 반응을 하였습니까?

> 바울이 입을 열고자 할 때에 갈리오가 유대인들에게 이르되 너희 유대인들아 만일 무슨 부정한 일이나 괴악한 행동이었으면 내가 너희 말을 들어주는 것이 가하거니와 만일 문제가 언어와 명칭과 너희 법에 관한 것이면 너희가 스스로 처리하라 나는 이러한 일에 재판장 되기를 원치 아니하노라 하고 저희를 재판 자리에서 쫓아내니 모든 사람이 회당장 소스데네를 잡아 재판 자리 앞에서 때리되 갈리오가 이 일을 상관치 아니하니라 (14~17절).

새로 부임한 갈리오 총독이 유대인의 고소에 대한 판결은 로마 정부가 기독교를 유대교의 한 분파인 합법적인 종교로 인정하고 있음을 보여주는 것입니다. 그러므로 바울이 전하는 기독교도 법적으로 보호를 받을 수 있었던 것입니다. 과격한 유대인들이 바울을 고소하는 것을 보고 양식 있는 고린도 시민들은 오히려 분노를 터뜨렸고, 오히려 바울을 고소한 유대인들이 재판석에서 망신을 당하게 되었습니다.

마치는 말

주님께서 환상 중에 나타나 바울을 격려하신 것은 바울도 두려움을 가지고 있었다는 것을 의미합니다. 바울같이 위대한 사역자도 두려움이 있고 주님의 격려가 필요했던 것입니다. 우리도 스스로 약해 보인다고 좌절해서는 안 됩니다. 인간은 누구나 약한 존재이며 예수 그리스도의 힘으로 강해지기 때문입니다. 우리의 약함을 아시는 예수님께서는 필요할 때 우리에게 찾아오셔서 새 힘을 주십니다. 그러므로 우리는 항상 주 예수 그리스도를 바라보며 주님으로부터 새 힘을 얻어야 합니다.

나의 삶에 적용

1) 아굴라와 브리스길라의 모습을 통해 배울 점은 무엇입니까?

2) 당신은 주님께 어떤 격려를 받았습니까?

제 31 과

에베소에서의 선교와 아볼로

1. 찬　　송 : 172, 169장
2. 성경본문 : 행 18:18~19:7

오늘의 말씀 〈행 18:24~25〉

24알렉산드리아에서 난 아볼로라 하는 유대인이 에베소에 이르
니 이 사람은 학문이 많고 성경에 능한 자라 25그가 일찍 주의
도를 배워 열심히 예수에 관한 것을 자세히 말하며 가르치나
요한의 세례만 알 따름이라

고린도에서

주님의 환상을 보고 더욱 힘을 내어 담대하게 1년 반이나 복음을 전한 바울은 수리아 지방으로 돌아가는데, 이때 고린도에서 알게 된 브리스길라와 아굴라도 같이 갔습니다(18~19절). 바울은 전에 서원한 일이 있어 겐그레아에서 머리를 깎았습니다. 그리고 에베소에 도착하여 일행은 따로 머물게 하고 혼자 회당에 가서 유대인들과 변론을 하였습니다. 예수 그리스도에 대해서 전도를 한 것입니다.

1. 에베소 (18:18~23)

바울은 누구와 함께 어디로 갔습니까?

> 바울은 더 여러 날 유하다가 형제들을 작별하고 배 타고 수리아로 떠나갈 새 브리스길라와 아굴라도 함께 하더라 바울이 일찍 서원이 있으므로 겐그레아에서 머리를 깎았더라 에베소에 와서 저희를 거기 머물러 두고 자기는 회당에 들어가서 유대인들과 변론하니(18~19절).

본문에 아굴라의 아내인 브리스길라의 이름이 먼저 기록되었습니다. 성경학자들 중에는 브리스길라가 귀족 가문의 출신이었기 때문이거나, 남편에 비해 신앙과 선교 열정이 훨씬 앞섰기 때문이라는 주장을 하기도 합니다. 아무튼 요즘 같은 세상에서도 이해하기 어려운 일이기에 관심을 끄는 내용입니다.

바울은 겐그레아에서 어떤 일을 했으며, 그 이유는 무엇입니까?

바울은 더 여러 날 유하다가 형제들을 작별하고 배 타고 수리아로 떠나갈 새 브리스길라와 아굴라도 함께 하더라 바울이 일찍 서원이 있으므로 겐그레아에서 머리를 깎았더라(18절).

"서원"이란 어떤 행위를 실천하거나 금하기 위하여 하나님의 이름으로 맹세를 하는 유대인의 전통적인 관습입니다. 바울이 했던 서원은 나실인의 서약인 것으로 보이는데(민 6:2~21), 나실인은 자신을 얼마의 기간 동안 거룩하게 구별하기로 서원하는 자를 말합니다. 나실인은 서원한 기간 동안 포도에서 나는 것은 입에 대지 않아야 하고, 시체를 멀리하고, 머리털을 자르지 않는 세 가지를 지켜야 했습니다. 바울이 머리를 깎았다는 것은 서원의 기간이 끝났음을 말해줍니다.

에베소에서 바울이 한 일은 무엇이며, 어디로 전도여행을 계속했습니까?

에베소에 와서 저희를 거기 머물러 두고 자기는 회당에 들어가서 유대인들과 변론하니 여러 사람이 더 오래 있기를 청하되 허락지 아니하고 작별하여 가로되 만일 하나님의 뜻이면 너희에게 돌아오리라 하고 배를 타고 에베소를 떠나 가이사랴에서 상륙하여 올라가 교회의 안부를 물은 후에 안디옥으로 내려가서 얼마 있다가 떠나 갈라디아와 브루기아 땅을 차례로 다니며 모든 제자를 굳게 하니라(19~23절).

에베소는 아시아의 로마 관할 지역 가운데 수도이며 중요한 상업 중심지로, 원로원과 시의회를 갖춘 자유 헬라 도시이며, 아르테미스 여신을 섬기는 도시였습니다. 이곳에는 에베소의 시 당국과 로마 황제에게 인정받은 커다란 유대인 거주지가 형성되어 있었습니다.

2. 아볼로 (18:24~28)

아볼로는 어떤 사람입니까?

> 알렉산드리아에서 난 아볼로라 하는 유대인이 에베소에 이르니 이 사람은 학문이 많고 성경에 능한 자라 그가 일찍 주의 도를 배워 열심으로 예수에 관한 것을 자세히 말하며 가르치나 요한의 세례만 알 따름이라(24~25절).

아볼로가 회당에서 복음을 전하는 것을 듣고 브리스길라와 아굴라는 어떤 행동을 했습니까?

> 그가 회당에서 담대히 말하기를 시작하거늘 브리스길라와 아굴라가 듣고 데려다가 하나님의 도를 더 자세히 풀어 이르더라(26절).

아볼로는 알렉산드리아 출신의 유대인으로 학문이 많은, 즉 교육을 받았을 뿐만 아니라 웅변가의 기질도 풍부했고, 구약 성경에 정통한 자였습니다. 그는 일찍부터 어디에선가 예수에 대한 가르침을 받았고, 복음을 어느 정도 자세히 아는 수준에까지 이르렀으며 열심으로 예수에 관해서 사람들에게 가르쳤습니다.

그러나 브리스길라와 아굴라는 아볼로에게 복음의 핵심이 없다는 것을 알고 따로 데려다가 가르쳐주었습니다. 바울과 장막 짓는 일을 하며 또한 동역자로 사역하며 배운 것이 이렇게 훌륭한 인물을 양육하는 열매로 맺어지게 된 것입니다.

아볼로가 성령의 능력과 체험적인 신앙은 부족했지만 주님께서 유익하게 사용하시는 부분이 있었습니다. 그것은 무엇이었습니까?

> 아볼로가 아가야로 건너가고자 하니 형제들이 저를 장려하며 제자들에게 편지하여 영접하라 하였더니 저가 가매 은혜로 말미암아 믿은 자들에게 많은 유익을 주니 이는 성경으로써 예수는 그리스도라고 증거하여 공중 앞에서 유력하게 유대인의 말을 이김일러라(27~28절).

여기에서 "성경으로써"는 '성경을 통해서' 라는 의미입니다. 즉 아볼로는 성경 속에 나타나 있는 그리스도에 대한 말씀을 조목조목 예로 들면서 예수께서 그리스도이심을 증명하였고, 이를 반박하는 유대인들에게도 그들의 입장이 잘못되었음을 성경을 통해 증명해 보였습니다.

3. 에베소에 돌아온 바울 (19:1~7)

에베소를 다시 찾은 바울은 어떤 제자들을 만났으며, 바울이 그들에게 안수하자 어떤 일이 일어났습니까?

아볼로가 고린도에 있을 때에 바울이 윗 지방으로 다녀 에베소에 와서 어떤 제자들을 만나 가로되 너희가 믿을 때에 성령을 받았느냐 가로되 아니라 우리는 성령이 있음도 듣지 못하였노라 바울이 가로되 그러면 너희가 무슨 세례를 받았느냐 대답하되 요한의 세례로라 바울이 가로되 요한이 회개의 세례를 베풀며 백성에게 말하되 내 뒤에 오시는 이를 믿으라 하였으니 이는 곧 예수라 하거늘 저희가 듣고 주 예수의 이름으로 세례를 받으니 바울이 그들에게 안수하매 성령이 그들에게 임하시므로 방언도 하고 예언도 하니 모두 열 두 사람쯤 되니라(19장 1~7절).

바울이 에베소의 제자들에게 세례 요한의 사역과 그 역할을 정확히 정의하면서 그가 증거했던 예수를 올바로 전하자 자신들이 추구했던 모든 것과 믿음이 잘못된 것임을 깨닫고 바울로부터 주 예수의 이름으로 세례를 받게 되었던 것입니다.

마치는 말

바울이 서원을 하고 그것을 지킨 모습은 자신은 율법주의자는 아니었지만 율법을 지키는 사람이었음을 보여줍니다. 그리고 바울이 동역자들과 에베소에서 헤어진 것은 교회를 돕기 위한 전략이었고, 이런 지혜와 희생적인 모습은 우리가 본받아야 할 모범입니다. 아볼로의 겸손한 자세를 배워야 합니다.

그러나 예수님에 대해 전하던 아볼로의 지식은 우리에게 경고를 줍니다. 세례 요한만 알았다는 것은 회개와 심판에 대해서는 알았지만 예수님의 십자가와 부활에 대해서는 잘 몰랐다는 것입니다. 우리도 복음의 핵심을 깨닫지 못하고 부분적인 것만 전하는 실수를 저지르지 말아야 합니다. 그리고 브리스길라와 아굴라 부부의 잘 훈련된 모습과 충성을 배워야 합니다.

나의 삶에 적용

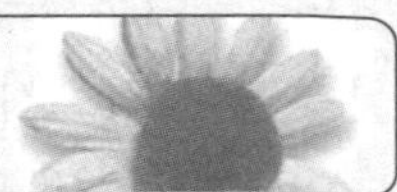

1) 브리스길라와 아굴라 부부에게서 배울 점을 이야기해보십시오.

2) 요한의 세례와 성령 세례의 차이점을 비교해보십시오.

제 32 과

에베소에서의 복음의 능력

■ 찬　　송 : 313, 270장
■ 성경본문 : 행 19:8~41

오늘의 말씀 〈행 19:10~12〉

10 이같이 두 해 동안을 하매 아시아에 사는 자는 유대인이나 헬
라인이나 다 주의 말씀을 듣더라 11 하나님이 바울의 손으로 희
한한 능을 행하게 하시니 12 심지어 사람들이 바울의 몸에서 손
수건이나 앞치마를 가져다가 병든 사람에게 얹으면 그 병이 떠
나고 악귀도 나가더라

에베소의 회당에서 반대를 받아 장소를 옮긴 것은 이전에 바울이 보여 준 사역 모습과 비슷합니다. 바울은 두란노 서원에서 남들이 쉬는 시간에 복음을 전하였습니다. 이것은 남들이 일할 때는 같이 일하면서 남들이 쉴 때 쉬지 않고 말씀을 전한 바울과 성도들의 열심 있는 모습을 보여줍니다. 이것은 바울의 자비량 선교의 모습과도 통하며, 우리가 교회와 삶의 터전에서 어떻게 살아야 하는지 모범을 보여주는 것입니다.

1. 에베소에서의 표적과 기사 (19:8~41)

바울은 어디에서 얼마 동안이나 힘을 쏟아 말씀을 강론하였습니까?

> 바울이 회당에 들어가 석 달 동안을 담대히 하나님 나라에 대하여 강론하며 권면하되 … 두란노 서원에서 날마다 강론하여 이같이 두 해 동안을 하매 아시아에 사는 자는 유대인이나 헬라인이나 다 주의 말씀을 듣더라(8~10절).

바울은 두란노 서원을 빌어서 2년 동안 날마다 복음을 강론하였는데, 그 시간은 어떤 사본에 따르면 오전 11시부터 오후 4시까지였다고 합니다. 그 이유는 바로 그 시간이 보통 한낮의 쉬는 시간이므로 두란노에서 일반적으로 행해지는 다른 계획된 수업 시간과 겹치지 않는 유일한 시간대였기 때문입니다. 그 2년여의 긴 시간 동안 아시아에 사는 사람들이 유대인이나 헬라인이나 할 것 없이 모두 주의 말씀을 듣는 결과를 낳게 되었던 것입니다.

에베소에서 바울을 통해 어떤 일들이 일어났습니까?

> 하나님이 바울의 손으로 희한한 능을 행하게 하시니 심지어 사람들이 바울의 몸에서 손수건이나 앞치마를 가져다가 병든 사람에게 얹으면 그 병이 떠나고 악귀도 나가더라(11~12절).

여기에서 "희한한 능"이란 '우연히 발생하지 않는 기적이나 능력'을 가리키는데, 주로 병 고치는 능력과 악귀를 쫓아내는 능력이었습니다.

예수의 이름을 빙자해서 악귀 들린 자들을 몰아내려던 유대인들에게 어떤 일이 일어났습니까?

> 이에 돌아다니며 마술하는 어떤 유대인들이 시험적으로 악귀 들린 자들에게 대하여 주 예수의 이름을 불러 말하되 내가 바울의 전파하는 예수를 빙자하여 너희를 명하노라 하더라 유대의 한 제사장 스게와의 일곱 아들도 이 일을 행하더니 악귀가 대답하여 가로되 예수도 내가 알고 바울도 내가 알거니와 너희는 누구냐 하며 악귀 들린 사람이 그 두 사람에게 뛰어올라 억제하여 이기니 저희가 상하여 벗은 몸으로 그 집에서 도망하는지라(13~16절).

스게와 아들들의 사건에서 이들의 실패는 믿음 없이 종교의식만 가지고 행동하는 것이 얼마나 잘못된 것인지를 가르쳐줍니다. 또한 예수님만을 믿지 못하고 다른 종교와 혼합하여 예수님을 이용하려고 하는 것과 신앙생활을 시험 삼아 한번 해보는 것이 잘못되었다는 것을 우리에게 알려주고 있습니다.

이 일이 있은 후 에베소에 하나님의 어떤 역사들이 일어났습니까?

에베소에 거하는 유대인과 헬라인들이 다 이 일을 알고 두려워하며 주 예수의 이름을 높이고 믿은 사람들이 많이 와서 자복하여 행한 일을 고하며 또 마술을 행하던 많은 사람이 그 책을 모아 가지고 와서 모든 사람 앞에서 불사르니 그 책값을 계산한즉 은 오만이나 되더라 이와 같이 주의 말씀이 힘이 있어 흥왕하여 세력을 얻으니라(17~20절).

이처럼 자신의 과거 모습을 과감하게 버리고 말씀으로 돌아오는 것이 '성경적 개혁' 입니다. 이런 개혁은 지금 이 시간 우리 모두에게 필요한 것이고 앞으로도 계속 요구되는 것입니다.

큰 부흥이 있었던 에베소를 떠나려고 하는 바울의 계획은 무엇입니까?

이 일이 다 된 후 바울이 마게도냐와 아가야로 다녀서 예루살렘에 가기를 경영하여 가로되 내가 거기 갔다가 후에 로마도 보아야 하리라 하고 … (21~22절).

"후에 로마도 보아야 하리라"는 말은 로마에 대한 바울의 선교 비전입니다. 우리가 비록 사도 바울은 아니지만 그가 가슴속에 간직하고 있었던 로마의 꿈, 세계 선교의 비전은 가지고 있어야 합니다. 그 비전은 사도 바울의 것이 아니라 우리 안에 계시는 예수 그리스도의 꿈이기 때문입니다.

에베소에서 발생한 소동은 어떤 것입니까?

> 그 때쯤 되어 이 도로 인하여 적지 않은 소동이 있었으니 즉 데메드리오라 하는 어떤 은장색이 아데미의 은감실을 만들어 직공들로 적지 않은 벌이를 하게 하더니 그가 그 직공들과 이러한 영업하는 자들을 모아 이르되 … 이 바울이 에베소 뿐 아니라 거의 아시아 전부를 통하여 허다한 사람을 권유하여 말하되 사람의 손으로 만든 것들은 신이 아니라 하니 이는 그대들도 보고 들은 것이라 우리의 이 영업만 천하여질 위험이 있을 뿐 아니라 큰 여신 아데미의 전각도 경홀히 여김이 되고 온 아시아와 천하가 위하는 그의 위엄도 떨어질까 하노라 하더라 저희가 이 말을 듣고 분이 가득하여 … 바울과 같이 다니는 마게도냐 사람 가이오와 아리스다고를 잡아가지고 일제히 연극장으로 달려들어 가는지라 바울이 백성 가운데로 들어가고자 하나 제자들이 말리고 또 아시아 관원 중에 바울의 친구 된 어떤 이들이 그에게 통지하여 연극장에 들어가지 말라 권하더라 … (23~32절).

아데미(라틴어로 디아나)는 헬라의 여신으로 맹수와 달의 신이자 가정의 수호신으로 12개의 유방이 달린 모습을 하고 있습니다. 아데미 신전은 헬라인들이 건축한 것으로 고대세계의 7대 불가사의의 하나로 꼽히는데, 바울 당시에도 이미 5백년 가까운 역사를 가지고 있었습니다. 이 여신을 숭배하는 자들은 은이나 대리석, 테라코타라고 하는 재료로 만든 작은 아데미 모형을 가지고 와서 신전에다 갖다 놓기도 하고 가정에 모시기도 했습니다. 은장색들은 이 작은 신상을 파는 자들이었습니다.

소동을 진정시킨 사려 깊고 법에 밝은 서기장의 말을 정리해 보십시오.

서기장이 무리를 안돈시키고 이르되 에베소 사람들아 에베소 성이 큰 아데미와 및 쓰스에게서 내려온 우상의 전각지기가 된 줄을 누가 알지 못하겠느냐 이 일이 그렇지 않다 할 수 없으니 너희가 가만히 있어서 무엇이든지 경솔히 아니하여야 하리라 전각의 물건을 도적질하지도 아니하였고 우리 여신을 훼방하지도 아니한 이 사람들을 너희가 잡아 왔으니 만일 데메드리오와 및 그와 함께 있는 직공들이 누구에게 송사할 것이 있거든 재판 날도 있고 총독들도 있으니 피차 고소할 것이요 만일 그 외에 무엇을 원하거든 정식으로 민회에서 결단할지라 오늘 아무 까닭도 없는 이 일에 우리가 소요의 사건으로 책망 받을 위험이 있고 우리가 이 불법 집회에 관하여 보고할 재료가 없다 하고 이에 그 모임을 흩어지게 하니라(35~41절).

마치는 말

복음이 널리 퍼지게 된 것은 두란노 서원에서 말씀을 강론하고 나가서 복음을 전하고 바울이 놀라운 기적을 행한 것에 있었습니다. 또한 믿는 사람들의 삶이 변화된 것도 중요한 이유입니다. 에베소 사람들은 복음을 받고 예수를 믿게 되자 그들은 곧 과거의 잘못을 자복하고 고쳤습니다. 마술을 행하던 사람들은 책을 다 가져와 불태워버렸습니다. 아데미 신당 모형을 사서 모시고 살던 사람들도 이제 더 이상 그런 것을 사지 않았습니다. 오늘날 한국교회도 세상의 사단적인 모습들을 이렇게 멸망시키는 힘이 있어야 한다. 그것이 한국교회가 소금과 빛의 사명을 다하는 모습입니다.

나의 삶에 적용

1) 바울을 통해 나타난 이적이 현재 우리에게도 일어나고 있음을 믿고 있습니까?

2) 현대의 우상 제조업자들인 은장색 영업자들은 어떤 사람들이겠습니까?

제 33 과

드로아에서 유두고를 살림

- 찬 송 : 258, 256장
- 성경본문 : 행 20:1~16

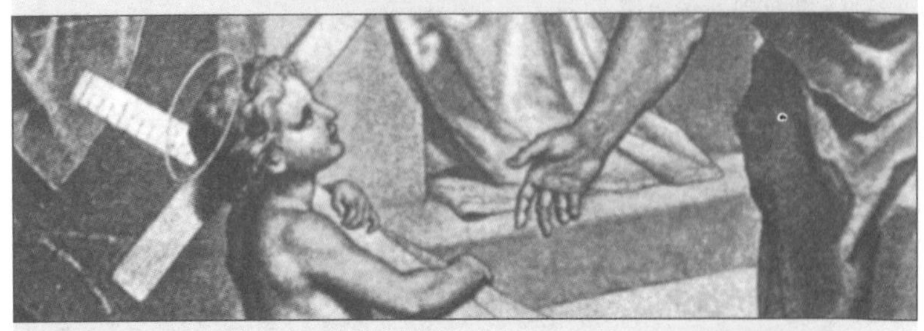

오늘의 말씀 〈행 20:9~10〉

9유두고라 하는 청년이 창에 걸터앉았다가 깊이 졸더니 바울이
강론하기를 더 오래 하매 졸음을 이기지 못하여 삼 층 누에서
떨어지거늘 일으켜 보니 죽었는지라 10바울이 내려가서 그 위에
엎드려 그 몸을 안고 말하되 떠들지 말라 생명이 저에게 있다
하고

에베소에 오랫동안 머물며 선교하여 큰 역사를 이루고 나서 마게도냐의 여러 지역에서 말씀으로 형제들을 격려하고 헬라지역으로 들어갑니다. 바울 일행은 둘로 나누어 일부는 드로아에 먼저 가서 기다리고 바울과 함께 한 사람들은 빌립보에서 무교절을 지낸 후 드로아로 가서 그들을 만나 칠 일을 머뭅니다. 그들이 안식 후 첫날에 떡을 떼려고 모이자 바울은 다음날 떠날 예정이어서 그들에게 밤늦게까지 설교를 했습니다. 그 회중 가운데 유두고라는 청년이 있었습니다.

1. 마게도냐 (20:1~6)

에베소에서 소요가 그치자 바울은 어떻게 했습니까?

> 소요가 그치매 바울이 제자들을 불러 권한 후에 작별하고 떠나 마게도냐로 가니라 그 지경으로 다녀가며 여러 말로 제자들에게 권하고 헬라에 이르러(1~2절).

은장색 데메드리오가 사람들을 선동하여 소란을 벌인 소동이 그친 후, 바울은 제자들을 불러 격려하고 마게도냐로 갑니다. 마게도냐의 여러 지역에서 바울은 말씀으로 형제들을 격려하고 헬라 지역으로 들어갔습니다. 여기서 말하는 헬라 지역은 아가야 지방인 것으로 봅니다.

바울은 고린도에 도착하여 석 달을 교우들과 보내다가 수리아로 가려고 했지만 그렇게 할 수 없었습니다. 그 이유는 무엇이었습니까?

거기 석 달을 있다가 배 타고 수리아로 가고자 할 그 때에 유대 인들이 자기를 해하려고 공모하므로 마게도냐로 다녀 돌아가기를 작정하니(3절).

그리하여 바울은 할 수 없이 육로로 돌아서 드로아까지 일행을 둘로 나누어갔습니다. 어떤 사람들이며, 그들은 어떻게 갔습니까?

아시아까지 함께 가는 자는 베뢰아 사람 부로의 아들 소바더와 데살로니가 사람 아리스다고와 세군도와 더베 사람 가이오와 및 디모데와 아시아 사람 두기고와 드로비모라 그들은 먼저 가서 드로아에서 우리를 기다리더라 우리는 무교절 후에 빌립보에서 배로 떠나 닷새 만에 드로아에 있는 그들에게 가서 이레를 머무니라(4~6절).

2. 드로아의 바울 (20:7~12)

드로아에서 믿는 자들과 함께 주일 예배를 드렸을 때, 두 가지 예배 내용은 어떤 것이었습니까?

안식 후 첫날에 우리가 떡을 떼려 하여 모였더니 바울이 이튿날 떠나고자 하여 저희에게 강론할새 말을 밤중까지 계속하매 (7절).

드로아에서 바울은 안식 후 첫날에 성도들을 모아 놓고 설교도

하고 성찬식도 거행했습니다. 초대교회는 유대교의 제도에 따라 안식일에 모이기도 하였고, 안식 후 첫날(예수님의 부활을 기념한 날, 현재의 주일)에 모이기도 했습니다. 본 성경구절의 사건은 그러한 행사에 대한 안식 후 첫날에 모인 확실한 또한 최초의 증거입니다.

유두고의 사건은 어떤 것입니까?

> 우리의 모인 윗 다락에 등불을 많이 켰는데 유두고라 하는 청년이 창에 걸터앉았다가 깊이 졸더니 바울이 강론하기를 더 오래 하매 졸음을 이기지 못하여 삼 층 누에서 떨어지거늘 일으켜 보니 죽었는지라 바울이 내려가서 그 위에 엎드려 그 몸을 안고 말하되 떠들지 말라 생명이 저에게 있다 하고 올라가 떡을 떼어 먹고 오래 동안 곧 날이 새기까지 이야기하고 떠나니라 사람들이 살아난 아이를 데리고 와서 위로를 적지 않게 받았더라(8~12절).

유두고는 바울이 오랫동안 계속된 설교를 듣다가 졸음을 이기지 못해 졸다가 삼층에서 떨어져 죽습니다. 그러나 바울은 "생명이 저에게 있다"고 하면서 그를 살렸습니다. "생명이 저에게 있다"는 것은 죽은 사람이 살아났다는 뜻이지 아직 죽지 않았다는 뜻이 아닙니다. 왜냐하면 9절에서 "일으켜보니 죽었는지라"고 말하고 있기 때문입니다. 유두고가 설교를 듣다가 졸았다는 것을 비판할 수도 있습니다. 그러나 초대교회 많은 신자들(70% 정도)은 노예이거나 노예 출신이었다고 합니다. 이것이 사실이라면 주일날 쉬지 못하고 하루 종일 일하다 저녁에 겨우 틈을 내서 예배에 참석하고 새벽까지 말씀을 듣고 있었다는 형편을 이해해야 할 것입니다.

바울과 일행들의 선교여행의 행선지들은 어디였습니까?

> 우리는 앞서 배를 타고 앗소에서 바울을 태우려고 그리로 행선하니 이는 자기가 도보로 가고자 하여 이렇게 정하여 준 것이라 바울이 앗소에서 우리를 만나니 우리가 배에 올리고 미둘레네에 가서 거기서 떠나 이튿날 기오 앞에 오고 그 이튿날 사모에 들리고 또 그 다음날 밀레도에 이르니라 바울이 아시아에서 지체치 않기 위하여 에베소를 지나 행선하기로 작정하였으니 이는 될 수 있는 대로 오순절 안에 예루살렘에 이르려고 급히 감이러라(13~16절).

마치는 말

바울의 선교사역은 크게 두 가지였는데 하나는 불신자들에게 복음을 전하는 일이었고, 다른 하나는 연약한 신자들을 격려하고 붙들어 주는 일이었습니다. 선교는 단순히 복음의 내용을 선포하는 것을 넘어서는 것입니다. 선교는 복음을 받아들인 자가 넘어지지 않고 계속하여 신앙생활을 잘 하도록 돌보는 일까지 포함합니다. 바울은 이를 위해서 가는 선교지역마다 한두 명씩 선발하여 일꾼들로 키웠습니다. 각 선교지마다 지도자를 양성한 것입니다.

나의 삶에 적용

1) 유두고 사건을 통해서 배운 점과 깨달은 것을 이야기해보십시오.

2) 안식일과 주일의 의미를 비교해보십시오.

제 34 과

에베소교회 장로들에게 한 고별 설교

■ 찬　　송 : 344, 524장
■ 성경본문 : 행 20:17~38

오늘의 말씀 〈행 20:23~24〉

23오직 성령이 각 성에서 내게 증거하여 결박과 환난이 나를 기
다린다 하시나 24나의 달려갈 길과 주 예수께 받은 사명 곧 하나
님의 은혜의 복음 증거하는 일을 마치려 함에는 나의 생명을
조금도 귀한 것으로 여기지 아니하노라

에베소 장로들을 밀레도로 불렀습니다. 장로들에게 한 바울의 설교 내용은 먼저, 자신은 겸손히 고난을 이기고 주님을 섬겼으며, 최선을 다해 말씀을 전하며 가르쳤고, 재물을 탐하지 않았다는 것입니다. 다음은 그들에게 바른 신앙생활과 지도자의 모습에 대해 가르친 것입니다. 바울의 설교가 끝나자 그들은 모두 무릎을 꿇고 기도하였고, 다 크게 울며 사랑을 나누고 헤어졌습니다.

1. 에베소교회 장로들에게 한 고별 설교 (20:17~38)

바울이 에베소에서 3년 동안 어떻게 목회를 하였는가를 장로들에게 상기시켰는데 그 내용은 무엇입니까?

> 오매 저희에게 말하되 아시아에 들어온 첫날부터 지금까지 내가 항상 너희 가운데서 어떻게 행한 것을 너희도 아는바니 곧 모든 겸손과 눈물이며 유대인의 간계를 인하여 당한 시험을 참고 주를 섬긴 것과 유익한 것은 무엇이든지 공중 앞에서나 각 집에서나 꺼림이 없이 너희에게 전하여 가르치고 유대인과 헬라인들에게 하나님께 대한 회개와 우리 주 예수 그리스도께 대한 믿음을 증거한 것이라(18~21절).

에베소에서 밀레도는 50km 정도 떨어져 있습니다. 교통이 불편한 시대이므로 그곳까지 간다는 것이 쉽지 않았지만 시간에 쫓긴 바울이 에베소 교회에게 밀레도로 오라고 부탁했을 때 지체 없이 장로들이 왔습니다. 에베소 교회를 향한 바울의 사랑과 에베소 교회에 대한 바울의 신뢰를 보여줍니다.

바울이 생명의 위험을 무릅쓰고 예루살렘으로 가는 이유는 무엇입니까?

> 보라 이제 나는 심령에 매임을 받아 예루살렘으로 가는데 저기서 무슨 일을 만날는지 알지 못하노라 오직 성령이 각 성에서 내게 증거하여 결박과 환난이 나를 기다린다 하시나(22~23절).

바울이 자신의 미래에 닥칠 일을 알지 못한 채 성령의 인도를 받으며 예루살렘으로 나아가는 모습에서, 하나님의 명령에 순종하여 장래 기업으로 받을 땅에 나갈 새 갈 바를 알지 못하고 나간 아브라함의 모습을 연상하게 됩니다(히 11:8).

바울의 사명의식이 얼마나 대단했는지 이야기하고, 본문 24절을 외우십시오.

> 나의 달려갈 길과 주 예수께 받은 사명 곧 하나님의 은혜의 복음 증거하는 일을 마치려 함에는 나의 생명을 조금도 귀한 것으로 여기지 아니하노라(24절).

바울이 에베소 장로들에게 엄한 경고와 함께 간절하게 당부한 것은 무엇이었습니까?

> 너희는 자기를 위하여 또는 온 양떼를 위하여 삼가라 성령이 저들 가운데 너희로 감독자를 삼고 하나님이 자기 피로 사신

교회를 치게 하셨느니라 내가 떠난 후에 흉악한 이리가 너희에게 들어와서 그 양떼를 아끼지 아니하며 또한 너희 중에서도 제자들을 끌어 자기를 좇게 하려고 어그러진 말을 하는 사람들이 일어날 줄을 내가 아노니(28~30절).

바울은 자신이 떠나게 되면 두 가지 일이 발생하리라고 예견했습니다. 첫째는 흉악한 이리가 에베소 교회에 들어와서 그 양떼를 해칠 것이라는 권고이고, 둘째는 교회 내에서 자기를 좇게 하려고 어그러진 말, 즉 복음을 저해하고 성도를 그릇된 길로 인도하는 말을 하는 사람들이 일어날 것이란 권고였습니다.

여기에서 거짓 교사의 특징은 ① 에베소교회 장로들 중에서도 거짓교사가 나온다는 것입니다. 즉 악한 사람으로부터만 나오는 것이 아니라 하나님의 일을 하던 사람으로부터도 나올 수 있다는 것입니다. ② 성도들로 하여금 자기를 따르고 추종하게 합니다. ③ 물질을 탐하고 탐욕하는 사람입니다.

그러므로 교회가 이단의 교훈에서 지키고 이길 수 있는 방법은 무엇입니까?

그러므로 너희가 일깨어 내가 삼년이나 밤낮 쉬지 않고 눈물로 각 사람을 훈계하던 것을 기억하라 지금 내가 너희를 주와 및 그 은혜의 말씀께 부탁하노니 그 말씀이 너희를 능히 든든히 세우사 거룩케 하심을 입은 모든 자 가운데 기업이 있게 하시리라(31~32절).

바울은 그들을 “주와 및 그 은혜의 말씀”께 부탁했는데, 여기에서 “부탁하다”는 ‘위탁하다, 넘겨주다, 소개하다’는 뜻입니다. 바울은 비록 떠나지만 하나님과 그들이 받았던 하나님의 말씀, 즉 그들을 구속하고 거룩하게 하는 하나님의 은혜를 선포해 주는 말씀은 항상 그들의 곁에 남아 있을 것이기 때문에 그렇게 부탁한 것입니다.

바울이 목회자로서의 고백을 하고 있는데 그 내용은 무엇이며, 예수님께서 말씀하신바 무엇을 기억하라고 했습니까?

> 내가 아무의 은이나 금이나 의복을 탐하지 아니하였고 너희 아는 바에 이 손으로 나와 내 동행들의 쓰는 것을 당하여 범사에 너희에게 모본을 보였노니 곧 이같이 수고하여 약한 사람들을 돕고 또 주 예수의 친히 말씀하신바 주는 것이 받는 것보다 복이 있다 하심을 기억하여야 할지니라(33~35절).

바울이 고별 설교를 마치고 기도할 때 어떤 감동적인 일이 있었습니까?

> 이 말을 한 후 무릎을 꿇고 저희 모든 사람과 함께 기도하니 다 크게 울며 바울의 목을 안고 입을 맞추고 다시 그 얼굴을 보지 못하리라 한 말을 인하여 더욱 근심하고 배에까지 그를 전송하니라(36~38절).

여기에서 목을 안고 입을 맞추는 행동은 유대인의 인사법으로(창 31:28, 55), 그리스도인의 사랑을 나타냅니다(롬 16:16; 고전 16:20).

마치는 말

오늘 본문에서 바울은 소중한 영혼을 책임진 지도자로서 교회의 머리이신 예수 그리스도 앞에 목회자의 양심선언을 하고 있습니다. 에베소 교회 장로들의 아름다운 사랑과 신뢰와 함께, 바울의 훈계에서 언행이 일치되는 지도자의 모습을 배울 수 있습니다. 또한 바울의 설교를 들은 사람들의 행동을 통해서 목자와 양떼의 관계가 얼마나 아름다운 것인가를 알 수 있습니다. 무릎을 꿇고 기도하면서 목을 안고 우는 그들의 모습에서 우리 교회가 배워야 할 것이 무엇인지를 깨닫게 됩니다.

우리 교회도 목사와 장로들의 사이가 끊을 수 없는 사랑의 줄에 묶여 있어야 합니다. 그렇게 되기 위해서는 우리 모두가 교회를 위해 열심히 기도해야 하는 것입니다.

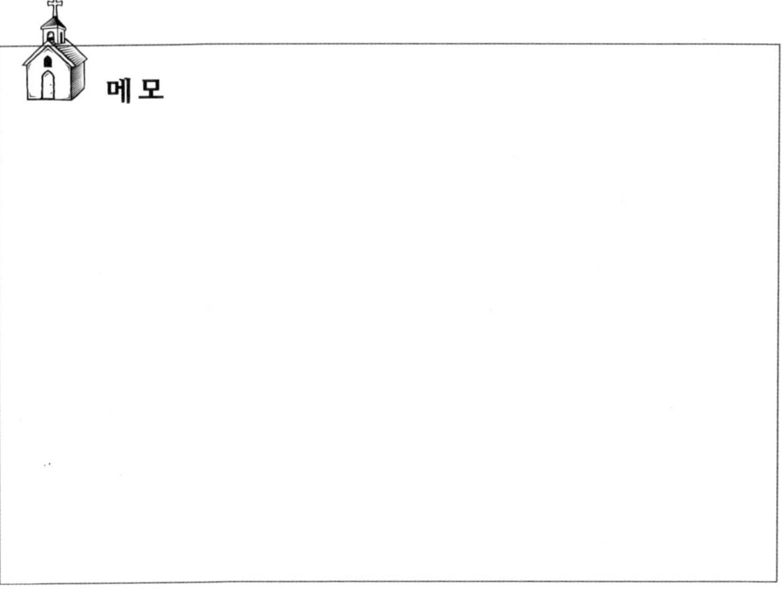

나의 삶에 적용

1) 좋은 본을 보이고, 진리의 말씀을 가르치는 사람이 되도록 기도하십시오.

2) 거짓 교사는 어떤 특징이 있습니까? 거짓 교사가 되지 않도록 기도하십시오.

제 35 과

죽음을 각오한 바울

■ 찬　　송 : 355, 356장
■ 성경본문 : 행 21:1~16

오늘의 말씀 〈행 21:12~13〉

12우리가 그 말을 듣고 그곳 사람들로 더불어 바울에게 예루살
렘으로 올라가지 말라 권하니 13바울이 대답하되 너희가 어찌하
여 울어 내 마음을 상하게 하느냐 나는 주 예수의 이름을 위하
여 결박 받을 뿐 아니라 예루살렘에서 죽을 것도 각오하였노라
하니

오늘 본문에서 성령께서는 바울과 제자들에게 똑같이 주님의 뜻을 알려주셨습니다. 바울에게는 예루살렘으로 가야 한다고 했고, 제자들에게는 바울이 당할 고난이 무엇인가를 보여주셨습니다. 그런데 바울이 가지 말아야 했다면 성령께서 고난당할 일을 보여주실 필요가 없었을 것입니다. 제자들이 울면서 가지 못하게 한 것은 성령의 감동으로 한 것이 아니라 인간의 정 때문이었습니다. 여기서 십자가를 지지 못하도록 예수님을 만류했던 베드로를 연상할 수 있습니다.

1. 두로에 도착 (21:1~6)

바울과 그의 일행이 배를 타고 밀레도에서 출발하여 두로까지 여행한 항로를 설명해 보십시오.

> 우리가 저희를 작별하고 행선하여 바로 고스로 가서 이튿날 로도에 이르러 거기서부터 바다라로 가서 베니게로 건너가는 배를 만나서 타고 가다가 구브로를 바라보고 이를 왼편에 두고 수리아로 행선하여 두로에서 상륙하니 … (1~3절).

두로에서 제자들이 바울에게 한 일을 설명해보십시오.

> 제자들을 찾아 거기서 이레를 머물더니 그 제자들이 성령의 감동으로 바울더러 예루살렘에 들어가지 말라 하더라(4절).

두로의 제자들은 바울이 예루살렘으로 가는 것이 성령의 인도가 아니라고 믿었습니다. 그래서 가지 못하도록 말리는 것이 성령의 뜻과 일치하는 것으로 생각하고 바울을 말렸습니다. 그러나 바울이 예루살렘으로 가는 것이 성령의 뜻이었습니다.

바울과 두로의 성도들이 바닷가에서 한 일은 무엇입니까?

> 이 여러 날을 지난 후 우리가 떠나갈새 저희가 다 그 처자와 함께 성문 밖까지 전송하거늘 우리가 바닷가에서 무릎을 꿇어 기도하고(5절).

당시만 해도 기독교는 사람들의 눈에 이상한 종교로 비치던 때였습니다. 그런데 바울과 두로의 성도들은 바닷가에서 무릎을 꿇고 기도하였습니다.

2. 가이사랴에 도착 (21:7~16)

가이사랴에서 바울이 묵은 곳은 어디였으며, 어떤 딸들이 있었습니까?

> 두로로부터 수로를 다 행하여 돌레마이에 이르러 형제들에게 안부를 묻고 그들과 함께 하루를 있다가 이튿날 떠나 가이사랴에 이르러 일곱 집사 중 하나인 전도자 빌립의 집에 들어가서 유하니라 그에게 딸 넷이 있으니 처녀로 예언하는 자라(7~9절).

두로에서 가이사랴까지 이르는 뱃길은 얼마 되지 않는 거리였습니다. 가이사랴에서 바울은 빌립의 집에서 묵었습니다. 빌립의 딸들에게 성령께서 예언의 은사를 주셨습니다. 빌립의 훌륭한 믿음과 헌신의 삶을 자녀들이 물려받은 것입니다.

아가보는 어떤 사람이며, 어떤 예언을 했습니까?

> 여러 날 있더니 한 선지자 아가보라 하는 이가 유대로부터 내려와 우리에게 와서 바울의 띠를 가져다가 자기 수족을 잡아매고 말하기를 성령이 말씀하시되 예루살렘에서 유대인들이 이같이 이 띠 임자를 결박하여 이방인의 손에 넘겨주리라 하거늘(10~11절).

선지자 아가보가 유대로부터 내려와 빌립의 집에 머무르고 있는 바울 일행을 찾아왔습니다. 그는 예루살렘 교회의 예언자로서(10; 11:27), "천하가 크게 흉년들리라"(11:28)고 예언한 바 있었습니다.

아가보의 예언을 들은 제자들의 반응과 바울의 태도는 어떠했습니까?

> 우리가 그 말을 듣고 그곳 사람들로 더불어 바울에게 예루살렘으로 올라가지 말라 권하니 바울이 대답하되 너희가 어찌하여 울어 내 마음을 상하게 하느냐 나는 주 예수의 이름을 위하여 결박 받을 뿐 아니라 예루살렘에서 죽을 것도 각오하였노라 하니 저가 권함을 받지 아니하므로 우리가 주의 뜻대로 이루어지이다 하고 그쳤노라(12~14절).

바울이 제자들의 권함을 받지 아니하므로 그들은 어떤 말을 했으며, 자원하여 바울과 동행한 사람들은 누구였습니까?

> 저가 권함을 받지 아니하므로 우리가 주의 뜻대로 이루어지이다 하고 그쳤노라 이 여러 날 후에 행장을 준비하여 예루살렘으로 올라갈새 가이사랴의 몇 제자가 함께 가며 한 오랜 제자 구브로 사람 나손을 데리고 가니 이는 우리가 그의 집에 유하려 함이라(14~16절).

그들은 바울의 결심이 단순히 인간적인 결심에서 나온 것이 아니라 성령의 인도에서 나온 것임을 알게 되었고 결코 그들의 설득으로 흔들리지 않으리라는 것을 인식하게 되자, 계속 권유하는 것은 바울의 마음을 상하게 하고 성령의 인도를 방해하는 것이 된다는 사실을 깨닫고 모든 일을 하나님의 뜻에 맡겼던 것입니다.

이처럼 우리도 형제를 향한 우리의 조언이나 권유가 하나님의 계획과 어긋난다는 사실을 깨달았을 때는 그것을 그만 두고 그 형제를 위해 기도하고 모든 일을 하나님의 뜻에 맡기는 자세가 필요한 것입니다.

마치는 말

아가보의 예언처럼 그 당시의 예언은 교회나 세상의 장래사를 미리 말하고 경고하는 것으로부터 개인적인 문제까지 미리 알고 이야기하는 광범위한 것이었습니다. 요즘도 예언의 은사를 받았다고 주장하는 사람들이 있습니다. 물론 성령께서 기뻐하시면 언제든지 이 은사를 주십니다. 그러나 사람들은 부패된 인간적인 호기심 때문에 일이 발생하기 전에 무엇을 미리 알면 그 사람을 하나님처럼 떠받들기를 좋아합니다. 기도를 하여 병이 치료되면 그 사람이 고친 것처럼 떠받들고, 기도해 준 사람은 자신이 기도해서 낫게 되었다고 착각하는 것과 똑같은 이치입니다. 여기에는 하나님도 예수님도 없습니다. 인간의 교만만이 있습니다. 이런 약점을 이용하여 사단은 거짓된 예언의 은사를 가지고 교회를 시험하고 유혹하고 있습니다.

나의 삶에 적용

1) 바울과 제자들의 생각이 달랐던 이유는 무엇일까요?

2) 예언하는 사람, 병 고치는 사람, 점치는 사람, 주술사를 비교 해보십시오.

제 36 과

체포되는 바울

■ 찬　　송 : 363, 367장
■ 성경본문 : 행 21:17~40

오늘의 말씀 〈행 21:19~20〉

19바울이 문안하고 하나님이 자기의 봉사로 말미암아 이방 가운
데서 하신 일을 낱낱이 고하니 20저희가 듣고 하나님께 영광을
돌리고 바울더러 이르되 형제여 그대도 보는 바에 유대인 중에
믿는 자 수만 명이 있으니 다 율법에 열심 있는 자라

유대인 신자들을 위해 많은 노력을 하였지만 아시아에서부터 바울을 반대하던 유대인들은 그를 성전에서 만나자 무리를 선동하여 잡아 죽이려고 했습니다. 그들은 선입관을 가지고 바울이 이방인들을 성전으로 끌어들였다고 생각한 것입니다. 이런 위기에서 바울은 하나님의 인도하심으로 천부장에 의해 구원을 받게 됩니다. 그리고 천부장의 허락을 얻어 유대인들에게 복음을 전하게 됩니다.

1. 야고보와 장로들을 만남 (21:17~26)

바울이 예루살렘에 이르러 만난 사람들은 누구이며, 그들에게 바울은 어떻게 했습니까?

> 예루살렘에 이르니 형제들이 우리를 기꺼이 영접하거늘 그 이튿날 바울이 우리와 함께 야고보에게로 들어가니 장로들도 다 있더라 바울이 문안하고 하나님이 자기의 봉사로 말미암아 이방 가운데서 하신 일을 낱낱이 고하니(17~19절).

바울의 말을 들은 사람들의 반응은 어떠했으며, 바울을 헐뜯는 나쁜 소문의 내용은 어떤 것이었습니까?

> 저희가 듣고 하나님께 영광을 돌리고 바울더러 이르되 형제여 그대도 보는 바에 유대인 중에 믿는 자 수만 명이 있으니 다 율법에 열심 있는 자라 네가 이방에 있는 모든 유대인을 가르치되 모세를 배반하고 아들들에게 할례를 하지 말고 또 규모를 지키지 말라 한다 함을 저희가 들었도다(20~21절).

그들은 수만 명에 이르는 유대인 개종자들 간에는 바울이 이방에 있는 모든 유대인을 가르칠 때 ① 모세를 배반하고 ② 아들들에게 할례를 하지 말고 규모를 지키지 말라고 했다는 소문이 떠돌고 있다고 했습니다. 사실 이러한 소문은 잘못된 것이며 바울을 비방하는 자들이 지어낸 말에 불과했던 것입니다.

이러한 유대인들의 오해를 풀기 위해 장로들은 어떤 대안을 제시했습니까?

> 그러면 어찌할꼬 저희가 필연 그대의 온 것을 들으리니 우리의 말하는 이대로 하라 서원한 네 사람이 우리에게 있으니 저희를 데리고 함께 결례를 행하고 저희를 위하여 비용을 내어 머리를 깎게 하라 그러면 모든 사람이 그대에게 대하여 들은 것이 헛된 것이고 그대로 율법을 지켜 행하는 줄로 알 것이라 주를 믿는 이방인에게는 우리가 우상의 제물과 피와 목매어 죽인 것과 음행을 피할 것을 결의하고 편지하였느니라 하니(22~25절).

겐그레아에서 바울은 자신의 서원 때문에 머리를 깎은 적이 있었습니다(행 18:18). 그런데 지금 바울이 율법을 반대한다는 말을 들으니 억울했을 것입니다. 또한 서원한 사람의 머리를 깎는 비용을 지불한다는 것은 경제적으로 부담이 되었습니다. 머리를 깎을 때에는 제사도 드려야 하기 때문입니다. 그러나 일부 교인들의 오해를 풀어 주기 위해서 바울은 그 모든 것을 감수했던 것입니다.

바울은 자신이 유대인 신자들과 하나라는 사실을 보여주기 위해 어떻게 행하였습니까?

바울이 이 사람들을 데리고 이튿날 저희와 함께 결례를 행하고 성전에 들어가서 각 사람을 위하여 제사 드릴 때까지의 결례의 만기 된 것을 고하니라(26절).

바울의 이와 같은 행동은 형식적인 율법주의에 동화되고 타협했다는 것이 아닙니다. 오히려 형식적인 율법주의를 뛰어넘은 참 믿음의 결단을 보여준 것입니다. 우리들도 때로는 주일 예배 같은 것이 형식적으로 보일 때가 있습니다. 이와 같은 상황에 봉착했을 때 우리 자신을 돌아보고 예배의 참된 의미를 파악하고 그러한 타성에 젖은 형식주의를 뛰어넘어야만 하는 것입니다.

2. 성전에서의 소동 (21:27~40)

아시아에서 온 유대인들이 무슨 말로 청중을 충동하였습니까?

그 이레가 거의 차매 아시아로부터 온 유대인들이 성전에서 바울을 보고 모든 무리를 충동하여 그를 붙들고 외치되 이스라엘 사람들아 도우라 이 사람은 각처에서 우리 백성과 율법과 이곳을 훼방하여 모든 사람을 가르치는 그 자인데 또 헬라인을 데리고 성전에 들어가서 이 거룩한 곳을 더럽게 하였다 하니 … (27~29절).

사람들이 바울을 죽이려 할 때 하나님은 어떤 방법으로 구하셨습니까?

온 성이 소동하여 백성이 달려와 모여 바울을 잡아 성전 밖으로 끌고 나가니 문들이 곧 닫히더라 저희가 그를 죽이려 할 때에 온 예루살렘의 요란하다는 소문이 군대의 천부장에게 들리매 저가 급히 군사들과 백부장들을 거느리고 달려 내려가니 저희가 천부장과 군사들을 보고 바울 치기를 그치는지라 이에 천부장이 가까이 가서 바울을 잡아 두 쇠사슬로 결박하라 명하고 누구며 무슨 일을 하였느냐 물으니 무리 가운데서 어떤 이는 이 말로 어떤 이는 저 말로 부르짖거늘 천부장이 소동을 인하여 그 실상을 알 수 없어 그를 영문 안으로 데려가라 명하니라 바울이 층대에 이를 때에 무리의 포행을 인하여 군사들에게 들려가니 이는 백성의 무리가 그를 없이 하자고 외치며 따라 감이러라(30~36절).

바울이 영문으로 가면서 천부장과 나눈 대화는 어떤 내용이었습니까?

바울을 데리고 영문으로 들어가려 할 그 때에 바울이 천부장더러 이르되 내가 당신에게 말할 수 있느뇨 가로되 네가 헬라 말을 아느냐 그러면 네가 이전에 난을 일으켜 사천의 자객을 거느리고 광야로 가던 애굽인이 아니냐 바울이 가로되 나는 유대인이라 소읍이 아닌 길리기아 다소성의 시민이니 청컨대 백성에게 말하기를 허락하라 하니 천부장이 허락하거늘(37~40절).

천부장은 헬라어로 질문하는 바울을 "이전에 난을 일으켜 4천의 자객을 거느리고 광야로 가던 애굽인"으로 오해했습니다.

요세푸스에 의하면 A.D. 54년경 한 애굽인 거짓 선지자가 추종자 3만 명을 이끌고 감람산으로 간 적이 있는데, 그는 거기서 예루살렘 성벽이 무너질 때까지 기다렸다가 로마 수비대를 무찌르자고 말했으며 그 후 예루살렘을 통치하려 했다고 합니다. 그러나 벨릭스 총독이 보낸 군대에 의해 400여 명이 죽고 200여 명이 사로잡히자 그 추종자들은 뿔뿔이 흩어졌고 그 애굽인 거짓 선지지도 사라졌다고 합니다.

이처럼 바울은 복음을 전하다가 백성을 소란케 했다는 이유로 당시 사회를 반대하는 혁명가로 오해받은 것입니다.

보통사람이면 할 수 있는 한 빨리 그 장소를 벗어나려고 했을 것이지만 바울은 그렇지 않았습니다. 군인들에게 들려 가는 초라한 신세였지만 군중을 향해 말할 기회를 달라고 천부장에게 요청했습니다. 바울은 층계 위에 서서, 아마 얼굴에 묻은 핏자국을 닦아가면서 예수 그리스도에 대해 담대하게 말했을 것입니다.

마치는 말

바울은 이방인의 사도였지만 유대인 교회의 중심지인 예루살렘 교회에서 환영을 받았습니다. 다만 일부 아시아의 유대인들이 바울을 미워했는데, 그 이유는 그에 대한 시기심과 그들의 전통과 다른 교훈을 전한다는 것이었습니다. 이런 미움과 바울에 대한 편견을 가지고 있었기에 바울을 고발하고 죽이려고 한 것입니다.

그러나 하나님의 도우심으로 바울은 그 위기를 벗어났고, 하나님의 사람은 맡은 사명이 끝나기 전에는 죽지 않았음을 알 수 있습니다. 오히려 바울은 이렇게 체포됨으로써 로마에 가게 됩니다. 로마에 복음을 전하고 싶어 했던 바울의 원대한 꿈이 이루어지는 계기가 된 것입니다. 성령께서는 바울을 예루살렘으로 가게 하셨고, 그곳에서 고난을 받고 로마로 가도록 인도하신 것입니다. 하나님의 섭리와 역사입니다.

나의 삶에 적용

1) 바울이 당한 고난과 그의 담대함에 대해 이야기해보십시오.

2) 바울과 같이 담대하게 복음을 전할 수 있는 힘을 달라고 기도하십시오.

제 37 과

유대인들을 향한 바울의 간증

■ 찬　　송 : 204, 206장
■ 성경본문 : 행 22:1~29

오늘의 말씀 〈행 22:3~4〉

3나는 유대인으로 길리기아 다소에서 났고 이 성에서 자라 가말
리엘의 문하에서 우리 조상들의 율법의 엄한 교훈을 받았고 오
늘 너희 모든 사람처럼 하나님께 대하여 열심하는 자라 4내가
이 도를 핍박하여 사람을 죽이기까지 하고 남녀를 결박하여 옥
에 넘겼노니

무리는 바울에 대해서 잘 알지 못하면서 선동되어 죽이라고 했지만 막상 당사자인 바울이 히브리 방언으로 말을 하자 사실을 알고 싶어 귀를 기울였습니다. 바울은 자신이 율법에 열심 있는 사람이요 가말리엘의 문하생이며, 교회를 핍박하던 사람이었음을 밝혔습니다. 그런 바울이 기독교인들을 잡아 처벌하려고 다메섹으로 가다가 예수님을 만나고 회심한 이야기와 이방인에게 보내질 것이라는 것을 말합니다. 이 말을 듣던 유대인 무리는 격분하였고 바울을 죽여야 한다고 다시 소동을 벌입니다.

1. 폭도에게 연설하는 바울 (22:1~21)

예수님을 만나기 전의 바울의 형편은 어떠했습니까?

> 나는 유대인으로 길리기아 다소에서 났고 이 성에서 자라 가말리엘의 문하에서 우리 조상들의 율법의 엄한 교훈을 받았고 오늘 너희 모든 사람처럼 하나님께 대하여 열심하는 자라 가 이 도를 핍박하여 사람을 죽이기까지 하고 남녀를 결박하여 옥에 넘겼노니 이에 대제사장과 모든 장로들이 내 증인이라 또 내가 저희에게서 다메섹 형제들에게 가는 공문을 받아 가지고 거기 있는 자들도 결박하여 예루살렘으로 끌어다가 형벌 받게 하려고 가더니(3~5절).

바울이 유대인들에게 설교를 할 때 히브리 방언으로 말하고, 자신이 유대인들과 같은 입장에서 활동했음을 말합니다. 바울이 철저한 유대인이었고 유대인들이 존경했던 가말리엘 문하에서 배웠다는 사실은 청중들의 마음 문을 많이 열게 했을 것입니다.

바울이 다메섹에서 예수를 어떻게 만났습니까?

가는데 다메섹에 가까왔을 때에 오정쯤 되어 홀연히 하늘로서 큰 빛이 나를 둘러 비취매 내가 땅에 엎드러져 들으니 소리 있어 가로되 사울아 사울아 네가 왜 나를 핍박하느냐 하시거늘 내가 대답하되 주여 뉘시니이까 하니 가라사대 나는 네가 핍박하는 나사렛 예수라 하시더라(6~8절).

다메섹에서 예수를 만난 바울에게 어떤 일이 일어났습니까?

나와 함께 있는 사람들이 빛은 보면서도 나더러 말하시는 이의 소리는 듣지 못하더라 내가 가로되 주여 무엇을 하리이까 주께서 가라사대 일어나 다멕섹으로 들어가라 정한바 너희 모든 행할 것을 거기서 누가 이르리라 하시거늘 나는 그 빛의 광채를 인하여 볼 수 없게 되었으므로 나와 함께 있는 사람들의 손에 끌려 다메섹에 들어갔노라(9~11절).

다메섹에 있던 아나니아는 어떤 사람이었으며, 바울에게 어떤 말을 했습니까?

율법에 의하면 경건한 사람으로 거기 사는 모든 유대인들에게 칭찬을 듣는 아나니아라 하는 이가 내게 와 곁에 서서 말하되 형제 사울아 다시 보라 하거늘 즉시 그를 쳐다보았노라 그가 또 가로되 우리 조상들의 하나님이 너를 택하여 너로 하여금 자기 뜻을 알게 하시며 저 의인을 보게 하시고 그 입에서 나오는 음성을 듣게 하셨으니 네가 그를 위하여 모든 사람 앞에서 너의 보고 들은 것에 증인이 되리라 이제는 왜 주저하느뇨 일어나 주의 이름을 불러 세례를 받고 너의 죄를 씻으라 하더라(12~16절).

15절에 "모든 사람 앞에서" 그리스도의 증인이 되라는 다메섹에서의 바울의 사명은 예루살렘 성전에서 기도할 때에 본 환상에서 다시 한 번 확인되었고 구체화 되었습니다.

바울이 예수를 믿고 예루살렘으로 돌아온 직후 무슨 일이 있었습니까?

> 후에 내가 예루살렘으로 돌아와서 성전에서 기도할 때에 비몽사몽간에 보매 주께서 내게 말씀하시되 속히 예루살렘에서 나가라 저희는 네가 내게 대하여 증거하는 말을 듣지 아니하리라 하시거늘 내가 말하기를 주여 내가 주 믿는 사람들을 가두고 또 각 회당에서 때리고 또 주의 증인 스데반의 피를 흘릴 적에 내가 곁에 서서 찬성하고 그 죽이는 사람들의 옷을 지킨 줄 저희도 아나이다 나더러 또 이르시되 떠나가라 내가 너를 멀리 이방인에게로 보내리라 하셨느니라(17~21절).

예수님은 바울에게 다른 일, 즉 이방인에게 복음 전하는 일을 시킬 것이니 떠나라고 하십니다. 우리의 생각에는 바울의 경험이 유대인 선교에 유익할 것으로 보이지만 인간의 경력이 복음 전파에 결정적인 역할을 하는 것은 아닙니다. 복음은 성령의 역사 속에 전파된다는 사실을 보여주고 있습니다.

바울을 함부로 다룰 수 없게 된 천부장은 이스라엘의 공회(산헤드린)를 열고 바울을 그 앞에 세웠습니다. 공회 앞에 선 바울은 자신은 지금까지 선한 양심을 따라 하나님을 섬겼다고 말합니다. 그러자 대제사장 아나니아가 바울 옆에 서 있는 자에게 바울의 입을 치라고 명령했습니다. 한편 바울은 공회가 사두개인과 바리새인으로 구성되어 있는 것을 알고, 자신은 바리새인이며 바리새인이 중요하게 믿는 부활문제로 지금 심문을 받고 있다고 말합니다. 바리새인은 부활을 믿지만 사두개인은 부활을 믿지 않기 때문에, 이 말은 공회에 큰 분란을 일으켰습니다.

1. 산헤드린에서 (22:30~23:10)

바울이 공회에서 말한 처음 내용은 무엇입니까?

> 바울이 공회를 주목하여 가로되 여러분 형제들아 오늘날까지 내가 범사에 양심을 따라 하나님을 섬겼노라 하거늘(1절).

여기에서 "여러분 형제들아"라는 말은 유대인 회중들 사이에서 사용되었던 통상적인 정식 호칭으로서 동등한 입장에서 바울이 자신의 변론을 시작한다는 사실을 보여줍니다.

바울의 이 말을 들은 대제사장 아나니아는 무엇이라고 했으며, 이에 대해 바울은 어떻게 대응하고 있습니까?

> 대제사장 아나니아가 바울 곁에 섰는 사람들에게 그 입을 치라

명하니 바울이 가로되 회칠한 담이여 하나님이 너를 치시리로다 네가 나를 율법대로 판단한다고 앉아서 율법을 어기고 나를 치라 하느냐 하니(2~3절).

그 당시 대제사장인 아나니아는 네베데우스의 아들로 A.D. 48년에 헤롯 아그립바 2세에 의해 대제사장으로 임명된 후 A.D. 58년까지 그 위치에 있었습니다. 그는 자신의 목적을 이루기 위해서는 암살자들과도 손을 잡는 등 부유하며 거만하고 사악한 전형적인 사두개인이었습니다. 그러나 그는 로마인들과 협조적이었기 때문에 민족주의적인 유대인들의 미움을 사서 유대 전쟁(66~70년) 초기인 A.D. 66년에 유대 군중들에게 붙잡혀 살해당했습니다.

바울은 자신이 말도 제대로 하지 않았는데 자신의 입을 치라고 하는 유대 종교지도자가 몹시 못마땅했습니다. 그래서 재판을 하면서 말도 할 수 없게 하는 그의 위선을 비난합니다. 그러면서 하나님께서 그를 치실 것이라고 하나님의 심판을 선포합니다. 대제사장 아나니아는 유대 전쟁 때 반란군에 의해 피살당했는데 바울이 선포한 예언의 성취라고 볼 수 있습니다.

바울은 그 자리를 벗어나기 위해 지혜를 발휘하여 어떤 말을 했습니까?

바울이 그 한 부분은 사두개인이요 한 부분은 바리새인인줄 알고 공회에서 외쳐 가로되 여러분 형제들아 나는 바리새인이요 또 바리새인의 아들이라 죽은 자의 소망 곧 부활을 인하여 내가 심문을 받노라(6절).

재판장의 상황은 어떻게 되었습니까?

그 말을 한즉 바리새인과 사두개인 사이에 다툼이 생겨 무리가 나누이니 이는 사두개인은 부활도 없고 천사도 없고 영도 없다 하고 바리새인은 다 있다 함이라 크게 훤화가 일어날새 … 큰 분쟁이 생기니 … (7~10절).

바리새인은 사후(死後)의 심판과 보상 및 영혼의 불멸과 영혼이 또 다른 몸과 합일(合一)하게 된다고 믿었던 반면에, 사두개인은 음부에 대한 고대의 견해를 고집하면서 이러한 바리새인의 내세에 대한 교리를 전면 부인하였습니다.

2. 바울을 해하려는 음모 (23:11~35)

주님은 밤에 바울을 찾아오셔서 무엇이라고 하셨으며, 바울을 죽이기 위해 어떤 음모가 진행되고 있었습니까?

그날 밤에 주께서 바울 곁에 서서 이르시되 담대하라 네가 예루살렘에서 나의 일을 증거한 것 같이 로마에서도 증거하여야 하리라 하시니라 날이 새매 유대인들이 당을 지어 맹세하되 바울을 죽이기 전에는 먹지도 아니하고 마시지도 아니하겠다 하고 이같이 동맹한 자가 사십여 명이더라 … (11~15절).

바울이 공회에서 심문을 받은 날, 주님은 바울에게 나타나셔서 담대히 말씀을 전하라고 격려하셨습니다. 그 다음날 유대인 사십여 명이 모임을 결성하고 바울을 죽이기 전에는 먹지도 않고 마시지도 않겠다고 맹세합니다. 그들은 대제사장들과 장로들에게 가서 공회의 협조를 받아 바울에 대하여 더 심문할 것이 있는 것처럼 천부장에게 말해 바울을 데려오라고 합니다.

유대인들의 음모에 대한 정보를 바울과 천부장이 어떻게 알았으며, 천부장은 어떻게 이 문제를 해결하고 있습니까?

> 바울의 생질이 그들이 매복하여 있다 함을 듣고 와서 영문에 들어가 바울에게 고한지라 바울이 한 백부장을 청하여 가로되 이 청년을 천부장에게로 인도하라 그에게 무슨 할 말이 있다 하니 … 당신은 저희 청함을 좇지 마옵소서 저희 중에서 바울을 죽이기 전에는 먹지도 않고 마시지도 않기로 맹세한 자 사십 여명이 그를 죽이려고 숨어서 지금 다 준비하고 당신의 허락만 기다리나이다 하매 이에 천부장이 청년을 보내며 경계하되 이 일을 내게 고하였다고 아무에게도 이르지 말라 하고 백부장 둘을 불러 이르되 밤 제삼시에 가이사랴까지 갈 보병 이백 명과 마병 칠십 명과 창군 이백 명을 준비하라 하고 또 바울을 태워 총독 벨릭스에게로 무사히 보내기 위하여 짐승을 준비하라 명하며(16~24절).

… 가이사랴는 해안 도시로 갈멜 산에서 남쪽으로 약 37km, 예루살렘 북서쪽으로 약 104km 지점에 위치해 있습니다. 헤롯이 그 성읍을 로마의 황제 가이사 아구스도로부터 넘겨받은 후 그것을 기념하여 '가이사랴' 라고 명명했습니다. 그 후 총독들의 통치하에서 가이사랴는 총독청 주둔지와 팔레스틴의 수도가 되었으므로 당시 유대 총독 벨릭스가 가이사랴에 머물고 있었습니다.

천부장이 총독에게 보낸 편지의 내용은 무엇입니까?

> 또 이 아래와 같이 편지하니 일렀으되 글라우디오 루시아는 총독 벨릭스 각하에게 문안하노이다 이 사람이 유대인들에게 잡혀 죽게 된 것을 내가 로마 사람인줄 들어 알고 군사를 거느리고 가서 구원하여다가 유대인들이 무슨 일로 그를 송사하는지 알고자 하여 저희 공회로 데리고 내려갔더니 송사하는 것이 저희 율법 문제에 관한 것뿐이요 한 가지도 죽이거나 결박할 사건이 없음을 발견하였나이다 그러나 이 사람을 해하려는 간계가 있다고 누가 내게 알게 하기로 곧 당신께로 보내며 또 송사하는 사람들도 당신 앞에서 그를 대하여 말하라 하였나이다 하였더라(25~30절).

마치는 말

바울이 예루살렘에서 잡히지 않았다면 선교사역을 하는 동안 유대인들의 반감을 더 많이 샀을 것입니다. 그리고 바울을 죽이려는 자들이 등장했을 것입니다. 그러면 지금보다 더 위험할 수도 있는데 미리 잡히고 재판 중에 위협을 받음으로써 오히려 로마군의 호위를 받게 됩니다. 나중에는 로마군의 호위 속에 로마까지 가게 됩니다. 결과적으로 바울은 잡힘으로써 관원과 왕들 앞에서 복음 전할 기회를 가지게 되었고, 더욱 안전한 보호 속에 로마에 가서 선교할 기회를 가지게 된 것입니다.

나의 삶에 적용

1) 주님이 하신 말씀(11절)이 바울에게 얼마나 큰 위로와 힘이 되었을까요?

2) 우리는 어떤 자세로 복음을 전해야 할지 서로 이야기해보십시오.

제 39 과

벨릭스와 바울

■ 찬　송 : 263, 264장
■ 성경본문 : 행 24:1~ 27

오늘의 말씀 〈행 24:22~23〉

23벨릭스가 이 도에 관한 것을 더 자세히 아는고로 연기하여 가
로되 천부장 루시아가 내려오거든 너희 일을 처결하리라 하고
24백부장을 명하여 바울을 지키되 자유를 주며 친구 중 아무나
수종하는 것을 금치 말라 하니라

예루살렘의 유대인들이 계략을 써서 바울을 죽이려고 하므로 천부장은 바울을 가이사랴에 있는 총독 벨릭스에게 보냈습니다. 벨릭스는 바울을 만나본 후 고발자들이 오면 고소와 바울의 변호를 같이 듣겠다고 하며 바울을 감금해 두었습니다. 닷새 후에 예루살렘에서 대제사장 아나니아와 장로들이 변사 더둘로와 함께 총독에게 와서 바울을 고소하였습니다. 그들은 법적인 지식과 수사학에 능한 변사를 이용하여 고발한 것입니다. 그래서 마침내 바울에 대한 심판이 진행되었습니다.

1. 벨릭스 앞에서 고소당함 (24:1~9)

바울을 고소한 사람은 누구였습니까?

> 닷새 후에 대제사장 아나니아가 어떤 장로들과 한 변사 더둘로와 함께 내려와서 총독 앞에서 바울을 고소하니라(1절).

여기 대제사장 아나니아는 예루살렘 산헤드린 공회에서도 바울의 입을 치라고 외친 바 있고(23:2), 그로 인해 바울에게 회 칠한 담이라는 심한 면박을 받았으므로 바울에 대해 심한 적대감을 품고 있었는데, 대제사장이라는 신분임에도 불구하고 직접 바울을 반대하는 장로들과 변사 더둘로를 대동하고 총독 앞에 나선 것입니다.

더둘로가 벨릭스에게 고소한 바울의 죄목은 무엇입니까?

바울을 부르매 더둘로가 송사하여 가로되 … 우리가 보니 이 사람은 염병이라 천하에 퍼진 유대인을 다 소요케 하는 자요 나사렛 이단의 괴수라 저가 또 성전을 더럽게 하려 하므로 우리가 잡았사오니 … 우리의 송사하는 이 모든 일을 아실 수 있나이다 하니 유대인들도 이에 참가하여 이 말이 옳다 주장하니라(2~9절).

벨릭스는 로마의 클라우디우스 황제 때 유대의 총독이 되었던 인물로서 본래는 노예의 신분이었습니다. 그는 반란을 일으키는 유대인들을 무자비하게 진압하였고 대제사장까지 살해한 잔인한 인물이었습니다. 그는 주후 60년에 총독직에서 물러났고 나중에는 로마로 소환되어 처벌받았다고 합니다.

2. 바울의 변호 (24:10~27)

자기를 고소하는 말에 대해 바울은 무엇이라고 변호했습니까?

내가 예루살렘에 예배하러 올라간 지 열이틀 밖에 못되었고 저희는 내가 성전에서 아무와 변론하는 것이나 회당과 또는 성중에서 무리를 소동케 하는 것을 보지 못하였으니 이제 나를 송사하는 모든 일에 대하여 저희가 능히 당신 앞에 내세울 것이 없나이다 … 여러 해 만에 내가 내 민족을 구제할 것과 제물을 가지고 와서 드리는 중에 내가 결례를 행하였고 모임도 없고 소동도 없이 성전에 있는 것을 저희가 보았나이다 그러나 아시아로부터 온 어떤 유대인들이 있었으니 저희가 만일 나를 반대할 사건이 있으면 마땅히 당신 앞에 와서 송사하였을 것이요 그렇지 않으면 이 사람들이 내가 공회 앞에 섰을 때에 무슨 옳지 않은 것을 보았는가 말하라 하소서(11~13, 17~20절).

바울은 성전이나 회당, 성 안 어디에서도 사람들과 변론하거나 선동하는 것을 본 사람이 없었고, 교리문제에서 자신은 율법과 선지자가 가르쳐주는 하나님을 믿고 있고, 예루살렘에 온 이유는 유대인들을 돕기 위해 구제금을 가지고 왔다는 것입니다.

유대 지도자들은 예수를 이단의 괴수라고 불렀는데, 유대교의 입장에서 볼 때 예수가 절대로 이단이 될 수 없다고 한 바울의 말을 어떤 내용입니까?

나는 저희가 이단이라 하는 도를 좇아 조상의 하나님을 섬기고 율법과 및 선지자들의 글에 기록된 것을 다 믿으며 저희의 기다리는바 하나님께 향한 소망을 나도 가졌으니 곧 의인과 악인의 부활이 있으리라 함이라 이것을 인하여 나도 하나님과 사람을 대하여 항상 양심에 거리낌이 없기를 힘쓰노라(14~16절).

바울이 유대인을 선동했다는 것과 성전을 더럽혔다는 것보다 더 중요하게 생각했던 문제는 무엇이라고 했습니까?

오직 내가 저희 가운데 서서 외치기를 내가 죽은 자의 부활에 대하여 오늘 너희 앞에 심문을 받는다고 한 이 한 소리가 있을 따름이니이다 하니(21절).

벨릭스는 바울에게 어떻게 호의를 베풀었습니까?

벨릭스가 이 도에 관한 것을 더 자세히 아는 고로 연기하여 가로되 천부장 루시아가 내려 오거든 너희 일을 처결하리라 하고 백부장을 명하여 바울을 지키되 자유를 주며 친구 중 아무나 수종하는 것을 금치 말라 하니라(22~23절).

바울이 벨릭스에게 전한 내용은 무엇이며, 총독의 반응은 어떠했으며, 그의 이중적인 모습은 어떠했습니까?

수일 후에 벨릭스가 그 아내 유대 여자 드루실라와 함께 와서 바울을 불러 그리스도 예수 믿는 도를 듣거늘 바울이 의와 절제와 장차 오는 심판을 강론하니 벨릭스가 두려워하여 대답하되 시방은 가라 내가 틈이 있으면 너를 부르리라 하고 동시에 또 바울에게서 돈을 받을까 바라는 고로 더 자주 불러 같이 이야기하더라 … (24~27절).

총독 벨릭스는 하나님에 대해 관심을 가지고 있는 척하면서 돈을 좋아하고, 실은 자기를 하나님 자리에 앉혀 놓고 있는 현대인을 상징하는 전형적인 인물이었습니다. 그의 아내 드루실라는 세 번째 부인으로서 사도행전 12장에 나오는 충이 먹어 죽은 헤롯왕(헤롯 아그립바 1세)의 딸입니다.

마치는 말

우리는 유대인들이 편견과 아집으로 복음을 가로막고, 심지어 참소하며 교회를 박해한 모습에서, 종교인들이 빠지기 쉬운 함정을 볼 수 있습니다. 그리고 벨릭스가 우유부단함으로 그 좋은 구원의 기회를 놓친 것을 보면서 은혜와 결단의 기회에 어떻게 해야 할지를 배우게 됩니다.

또한 우리는 벨릭스의 부패하고 탐욕스러운 모습을 피해야 할 뿐 아니라, 사랑과 헌신으로 교회지도자이며 동역자인 바울을 섬겼던 성도들의 모범을 배워야 합니다.

나의 삶에 적용

1) 바울을 고발한 유대지도자들에게서 느낀 점을 이야기해보십시오.

2) 총독 벨릭스를 통해 깨닫게 된 것이 있으면 이야기해보십시오.

제 40 과

베스도와 바울

■ 찬　송 : 444, 447장
■ 성경본문 : 행 25:1~27

오늘의 말씀 〈행 25:9~10〉

9베스도가 유대인의 마음을 얻고자 하여 바울더러 묻되 네가 예
루살렘에 올라가서 이 사건에 대하여 내 앞에서 심문을 받으려
느냐 10바울이 가로되 내가 가이사의 재판 자리 앞에 섰으니 마
땅히 거기서 심문을 받을 것이라 당신도 잘 아시는 바에 내가
유대인들에게 불의를 행한 일이 없나이다

유대인의 환심을 사려고 바울을 구금해 둔지 2년이 지난 후, 마침내 새로운 총독 베스도가 부임했습니다. 베스도는 총독으로 부임한 직후 예루살렘으로 올라갔고, 베스도를 만난 유대 지도자들은 다시 바울을 고발하면서 바울이 예루살렘에서 재판을 받도록 해달라고 부탁했습니다. 그들의 의도는 바울을 죽이려는 것이었습니다. 그러나 베스도는 가이사랴에서 바울을 재판하겠다고 하며 유대 지도자들에게 자기와 같이 가이사랴로 가서 송사하라고 합니다.

1. 베스도와 바울 (25:1~12)

베스도는 부임하자마자 2년 동안이나 뚜렷한 혐의가 없이 구금되어 있던 바울에 대해 관심을 가졌는데, 베스도가 가이사랴에서 예루살렘으로 올라갔을 때 누구로부터 어떤 제의를 받았습니까?

> 베스도가 도임한지 삼일 후에 가이사랴에서 예루살렘으로 올라가니 대제사장들과 유대인 중 높은 사람들이 바울을 고소할새 베스도의 호의로 바울을 예루살렘으로 옮겨 보내기를 청하니 이는 길에 매복하였다가 그를 죽이고자 함이러라 … 내가 예루살렘에 있을 때에 유대인의 대제사장들과 장로들이 그를 고소하여 정죄하기를 청하기에 내가 대답하되 무릇 피고가 원고들 앞에서 고소 사건에 대하여 변명할 기회가 있기 전에 내어주는 것이 로마 사람의 법이 아니라 하였노라(1~3, 15~16절).

베스도는 부임한 지 3일 후에 유대 총독 관저가 있는 가이사랴에서 예루살렘으로 올라갔는데, 그 이유는 산헤드린과 기타 유대

지도자들을 만나서 인사를 나누기 위함이었습니다. 이 일은 의례적인 것이지만, 그 배후에는 선임자 벨릭스로부터 떠맡은 문제들 가운데 종교지도자들 간의 세력 다툼을 어느 정도 종식시키는 것이 선결해야 할 과제라고 생각한 그의 의도가 깔려 있다고 할 수 있습니다.

베스도가 연 공판은 어떻게 열렸습니까?

> 베스도가 대답하여 바울이 가이사랴에 구류된 것과 자기도 미구에 떠나갈 것을 말하고 또 가로되 너희 중 유력한 자들은 나아 함께 내려가서 그 사람에게 만일 옳지 아니한 일이 있거든 송사하라 하니라 베스도가 그들 가운데서 팔일 혹 십일을 지낸 후 가이사랴로 내려가서 이튿날 재판 자리에 앉고 바울을 데려오라 명하니 그가 나오매 예루살렘에서 내려온 유대인들이 둘러서서 여러 가지 중대한 사건으로 송사하되 능히 증명하지 못한지라(4~7절).

베스도는 바울의 재판을 집행했습니다. 이 자리에는 재판장으로 베스도가, 원고인으로 예루살렘에서 내려온 유대인들이, 피고인으로 바울이 참석했습니다. 여기에서 유대인들은 과거 성전에서 행한 것과 벨릭스 총독 앞에서 변사 더둘로가 송사한 것과 같이 바울을 송사했지만, 그들의 말은 모두 거짓이었기 때문에 고소를 입증할 수 없었습니다.

여기에서 주님께서 베스도를 사용하여 바울의 생명을 지키신다는 것을 어떻게 알 수 있습니까?

베스도가 대답하여 바울이 가이사랴에 구류된 것과 자기도 미구에 떠나갈 것을 말하고 또 가로되 너희 중 유력한 자들은 나아 함께 내려가서 그 사람에게 만일 옳지 아니한 일이 있거든 송사하라 하니라(4~5절)
내가 이 일을 어떻게 사실할는지 의심이 있어서 바울에게 묻되 예루살렘에 올라가서 이 일에 심문을 받으려느냐 한즉 바울은 황제의 판결을 받도록 자기를 지켜 주기를 호소하므로 내가 그를 가이사에게 보내기까지 지켜두라 명하였노라 하니(20~21절).

바울이 총독에게 요청한 것은 무엇입니까?

… 바울이 가로되 내가 가이사의 재판 자리 앞에 섰으니 마땅히 거기서 심문을 받을 것이라 당신도 잘 아시는 바에 내가 유대인들에게 불의를 행한 일이 없나이다 만일 내가 불의를 행하여 무슨 사죄를 범하였으면 죽기를 사양치 아니할 것이나 만일 이 사람들의 나를 송사하는 것이 다 사실이 아니면 누구든지 나를 그들에게 내어 줄 수 없삽나이다 내가 가이사께 호소하노라 한대 베스도가 배석자들과 상의하고 가로되 네가 가이사에게 호소하였으니 가이사에게 갈 것이라 하니라(9~12절)
내가 이 일을 어떻게 사실할는지 의심이 있어서 바울에게 묻되 예루살렘에 올라가서 이 일에 심문을 받으려느냐 한즉 바울은 황제의 판결을 받도록 자기를 지켜 주기를 호소하므로 내가 그를 가이사에게 보내기까지 지켜두라 명하였노라 하니(20~21절).

바울에게 아무리 죄가 없다 해도 당장 석방될 가능성은 희박하였습니다. 총독이 유대인의 환심을 사기 위해 바울을 놓고 저울질하고 있었기 때문입니다. 남은 길은 예루살렘으로 가서 종교재판을 받든지 아니면 로마로 가서 황제의 재판을 받든지 둘 중 하나뿐이었습니다.

결국 바울은 황제의 재판을 받는 쪽으로 선택을 하였습니다. 이것은 바울 자신의 목숨이 위태롭기 때문에 부득이 상소한 것이지만, 로마에서 복음을 전하고 싶었던 꿈이 이루어지는 것과도 관련이 있습니다.

2. 아그립바 (25:13~27)

베스도가 아그립바 왕에게 어떤 내용을 설명했습니까?

> 베스도가 바울의 일로 왕에게 고하여 가로되 벨릭스가 한 사람을 구류하여 두었는데 내가 예루살렘에 있을 때에 유대인의 대제사장들과 장로들이 그를 고소하여 정죄하기를 청하기에 내가 대답하되 무릇 피고가 원고들 앞에서 고소 사건에 대하여 변명할 기회가 있기 전에 내어주는 것이 로마 사람의 법이 아니라 하였노라 그러므로 저희가 나와 함께 여기 오매 내가 지체하지 아니하고 이튿날 재판 자리에 앉아 명하여 그 사람을 데려 왔으나 원고들이 서서 나의 짐작하던 것 같은 악행의 사건은 하나도 제출치 아니하고 오직 자기들의 종교와 또는 예수라 하는 이의 죽은 것을 살았다고 바울이 주장하는 그 일에 관한 문제로 송사하는 것뿐이라 내가 이 일을 어떻게 사실할는지 의심이 있어서 바울에게 묻되 예루살렘에 올라가서 이 일에 심문을 받으려느냐 한즉 바울은 황제의 판결을 받도록 자기를 지켜 주기를 호소하므로 내가 그를 가이사에게 보내기까지 지켜두라 명하였노라 하니(13~21절).

…아그립바 왕은 아그립바 2세(A.D. 30~100)를 말하는데, 그는 아그립바 1세의 아들이며, 아리스토불루스의 손자이고, 헤롯 대왕의 증손이었습니다. 그는 로마의 글라우디오 황제의 총애를 받으면서 황실에서 성장하였고, 23세 되던 해인 A.D. 50년에 갈기스 왕으로 임명되었고, 그후 헤롯 빌립의 관할 지역과 갈릴리 지역 등을 추가로 다스리게 되었기에 북쪽에 인접한 나라의 통치자로서 유대의 새 통치자인 베스도에게 경의를 표하게 되었던 것입니다.

한편 버니게는 아그립바 2세의 누이로서 그보다 한 살 아래였습니다. 후에 로마 장군인 티투스의 부인이 되기도 했지만 A.D. 79년에 그가 로마의 황제가 되자 다시 팔레스틴으로 돌아오게 됩니다.

베스도가 아그립바 왕과 사람들에게 말한 내용은 무엇입니까?

> 이튿날 아그립바와 버니게가 크게 위의를 베풀고 와서 천부장들과 성중의 높은 사람들과 함께 신문소에 들어오고 베스도의 명으로 바울을 데려오니 베스도가 말하되 아그립바 왕과 여기 같이 있는 여러분이여 당신들이 보는 이 사람은 유대의 모든 무리가 크게 외치되 살려 두지 못할 사람이라고 하여 예루살렘에서와 여기서도 내게 청원하였으나 나는 살피건대 죽일 죄를 범한 일이 없더이다 그러나 저가 황제에게 호소한고로 보내기를 작정하였나이다(23~25절).

베스도가 두 번째로 재판을 열었을 때의 목적은 무엇이었습니까?

> 이튿날 아그립바와 버니게가 크게 위의를 베풀고 와서 천부장들과 성중의 높은 사람들과 함께 신문소에 들어오고 베스도의 명으로 바울을 데려오니(23절)
> 그에게 대하여 황제께 확실한 사실을 아뢸 것이 없으므로 심문한 후 상소할 재료가 있을까 하여 당신들 앞 특히 아그립바 왕 당신 앞에 그를 내어 세웠나이다 그 죄목을 베풀지 아니하고 죄수를 보내는 것이 무리한 일인 줄 아나이다 하였더라(26~27절).

여기 "위의(威儀)"란 '과시', '허식', '나타냄', '화려한 행렬'이란 뜻으로, 그들은 권위와 위엄을 사람들에게 과시하기 위하여 화려한 옷과 행렬을 준비하였던 것입니다.

베스도가 두 번째 재판을 열게 된 목적은 황제에게 상소할 재료를 찾기 위해 공청회를 열었다고 설명합니다. 그는 먼저 재판에서 바울이 무죄하다는 사실을 알게 되었음에도 불구하고 자신의 정치적인 야심을 위해서 바울을 로마로 송환하기로 결정을 내리게 됩니다.

그러나 당시 로마법에는 로마로 호송하기 위해서는 확실한 죄목이 필요했지만 유대인들의 종교적인 이유 외에는 마땅한 죄목을 찾지 못했으므로 자신보다 유대인들의 종교적인 문제에 박식한 아그립바 2세에게 도움을 청하게 되었고, 그 요청에 따라 공청회가 열리게 되었던 것입니다. 이로 인해 바울은 그들에게 복음을 전하게 되었던 것입니다.

마치는 말

아무리 완악한 유대인들이라 하더라도 바울의 영향이 심각하지 않았다면 베스도가 총독으로 취임하자마자 재판을 열려고 하지는 않았을 것입니다. 이런 모습은 바울이 구금되어 있는 2년 동안에도 유대교 지도자들은 바울의 문제를 심각하게 생각했다는 것을 암시합니다. 그것은 바울과 교회의 영향이 계속 유대교에 미쳤다는 뜻입니다. 바울은 가이사랴에 2년 동안 갇혀 있으면서도 성도들과의 만남을 통해 선교에 중요한 역할을 했던 것입니다. 바울은 자유인이었을 때나 갇혀 있을 때나 항상 복음을 전했고, 많은 영향을 미친 것입니다.

오늘 본문은 바울의 모범적인 자세를 통한 교훈과 베스도의 세속적이고도 탐욕스러운 모습을 통한 경고, 하나님의 섭리와 격려를 통해 교훈을 해주고 있습니다.

나의 삶에 적용

1) 총독 베스도의 모습을 통해서 깨달은 점을 이야기해보십시오.

2) 가이사랴에 2년 동안 갇혀 있으면서도 성도들과의 만남을 통해 선교에 중요한 역할을 한 바울의 모습을 통해 깨달은 것은 무엇입니까?

제 41 과

헤롯 아그립바 2세와 바울

■ 찬　송 : 261, 253장
■ 성경본문 : 행 26:1~32

오늘의 말씀 〈행 26:28~29〉

[28]아그립바가 바울더러 이르되 네가 적은 말로 나를 권하여 그
리스도인이 되게 하려 하는도다 [29]바울이 가로되 말이 적으나
많으나 당신뿐 아니라 오늘 내 말을 듣는 모든 사람도 다 이렇
게 결박한 것 외에는 나와 같이 되기를 하나님께 원하노이다
하니라

예루살렘에 가서 심문을 받겠느냐고 제안했을 때 할 수 없이 로마 황제에게 상소한 바울은 로마로 가기 전에 아그립바 왕(헤롯 아그립바 2세) 앞에서 다시 한 번 심문을 받게 되었습니다. 베스도의 인사말이 끝나고 아그립바가 바울에게 말을 하도록 허락하자 바울은 자신의 입장을 변호하기 시작했습니다.

자신이 유대교에 열심히 있었고, 바리새파에 속했었다는 것을 말했습니다. 그리고 복음의 핵심인 부활을 말하기 위해 자신이 부활에 대한 소망 때문에 이렇게 고발을 당했다고 말합니다. 다음으로 다메섹 도상에서 회심하게 된 구체적인 경험을 통해 부활의 소망을 이루신 분이 바로 예수 그리스도라고 전합니다.

1. 바울의 변호 (26:1~23)

바울은 자기가 신문(訊問)을 받는 이유가 무엇이라고 했습니까?

> 이제도 여기 서서 심문 받는 것은 하나님이 우리 조상에게 약속하신 것을 바라는 까닭이니 이 약속은 우리 열 두 지파가 밤낮으로 간절히 하나님을 받들어 섬김으로 얻기를 바라는 바인데 아그립바 왕이여 이 소망을 인하여 내가 유대인들에게 송사를 받는 것이니이다(6~7절).

아그립바 왕은 헤롯 대왕의 증손자로서 그의 부친의 호칭을 따라 아그립바 2세라고 부릅니다. 그의 부친은 사도 야고보를 처형하고 베드로를 투옥시켜 유대인의 환심을 사려고 했던 통치자로 유명합니다(행 12:1~2, 20~23).

바울이 말하는 소망은 무엇입니까?

> 당신들은 하나님이 죽은 사람 다시 살리심을 어찌하여 못 믿을 것으로 여기나이까(8절)
> 하나님의 도우심을 받아 내가 오늘까지 서서 높고 낮은 사람 앞에서 증거하는 것은 선지자들과 모세가 반드시 되리라고 말한 것 밖에 없으니 곧 그리스도가 고난을 받으실 것과 죽은 자 가운데서 먼저 다시 살아나사 이스라엘과 이방인들에게 빛을 선전하시리라 함이니이다 하니라(22~23절).

바울이 예수를 만났던 일을 간증하고 있는데 이전의 간증과는 다른 내용들이 들어있습니다. 어떤 내용입니까?

> 왕이여 때가 정오나 되어 길에서 보니 하늘로서 해보다 더 밝은 빛이 나와 내 동행들을 둘러 비추는지라 우리가 다 땅에 엎드러지매 내가 소리를 들으니 히브리 방언으로 이르되 사울아 사울아 네가 어찌하여 나를 핍박하느냐 가시채를 뒷발질하기가 네게 고생이니라 내가 대답하되 주여 뉘시니이까 주께서 가라사대 나는 네가 핍박하는 예수라 일어나 네 발로 서라 내가 네게 나타난 것은 곧 네가 나를 본 일과 장차 내가 네게 나타날 일에 너로 사환과 증인을 삼으려 함이니 이스라엘과 이방인들에게서 내가 너를 구원하여 저희에게 보내어 그 눈을 뜨게 하여 어두움에서 빛으로 사단의 권세에서 하나님께로 돌아가게 하고 죄 사함과 나를 믿어 거룩케 된 무리 가운데서 기업을 얻게 하리라 하더이다(13~18절).

14절의 "가시채를 뒷발질하기가 네게 고생이니라"는 말씀은 복음을 반대하고 교회를 핍박하는 것이 바로 말(馬)이 주인을 거역하는 행동처럼 잘못되고 반역적인 일이라는 것을 설명하는 것입니다. 즉 짐을 실은 짐승들이 주인의 뜻에 복종치 않고 가시채, 즉 쇠로 돈 가시가 달린 소몰이 채를 뒷발질 할 경우 상처를 입는다는 것으로 헛되고 위험한 저항을 하고 있음을 나타냅니다.

바울은 주님의 명령에 어떻게 순종하고 있습니까?

> 그러므로 하늘에서 보이신 것을 내가 거스리지 아니하고 먼저 다메섹에와 또 예루살렘에 있는 사람과 유대 온 땅과 이방인에게까지 회개하고 하나님께로 돌아가서 회개에 합당한 일을 행하라 선전하므로 유대인들이 성전에서 나를 잡아 죽이고자 하였으나 하나님의 도우심을 받아 내가 오늘까지 서서 높고 낮은 사람 앞에서 증거하는 것은 선지자들과 모세가 반드시 되리라고 말한 것 밖에 없으니 곧 그리스도가 고난을 받으실 것과 죽은 자 가운데서 먼저 다시 살아나사 이스라엘과 이방인들에게 빛을 선전하시리라 함이니이다 하니라(19~23절).

2. 베스도와 바울과 아그립바 (26:24~32)

베스도가 바울에게 무엇이라고 소리쳤으며, 바울은 어떻게 대답합니까?

> 바울이 이같이 변명하매 베스도가 크게 소리하여 가로되 바울아 네가 미쳤도다 네 많은 학문이 너를 미치게 한다 하니 바울이 가로되 베스도 각하여 내가 미친 것이 아니요 참되고 정신차린 말을 하나이다 왕께서는 이 일을 아시기로 내가 왕께 담

> 대히 말하노니 이 일에 하나라도 아시지 못함이 없는 줄 믿나이다 이 일은 한편 구석에서 행한 것이 아니로소이다 아그립바 왕이여 선지자를 믿으시나이까 믿으시는 줄 아나이다(24~27절).

부임한 지 얼마 되지 않아 유대의 종교적인 지식이 거의 없었던 베스도는 예수의 부활이나 한 유대인에 불과한 예수가 광대한 로마 세계에 빛을 비추고 있다는 개념을 도저히 이해할 수 없었습니다. 그래서 그는 바울의 철학적인 변론이 그로서는 이해할 수 없는 것이면서도 매우 논리 정연했기 때문에 바울이 높은 학문으로 인해 미쳐버렸다고 생각했던 것입니다.

아그립바 왕은 당당하게 변호하는 바울에게 무엇이라고 했습니까?

> 아그립바가 바울더러 이르되 네가 적은 말로 나를 권하여 그리스도인이 되게 하려 하는도다(28절).

바울이 궁극적으로 원하는 것은 무엇이며, 왕과 총독과 여러 사람들은 바울을 고소한 것에 대해 어떤 의견을 내어놓았습니까?

> 바울이 가로되 말이 적으나 많으나 당신뿐 아니라 오늘 네 말을 듣는 모든 사람도 다 이렇게 결박한 것 외에는 나와 같이 되기를 하나님께 원하노이다 하니라 왕과 총독과 버니게와 그 함께 앉은 사람들이 다 일어나서 물러가 서로 말하되 이 사람은 사형이나 결박을 당할만한 행사가 없다 하더라 이에 아그립바가 베스도더러 일러 가로되 이 사람이 만일 가이사에게 호소하지 아니하였더면 놓을 수 있을 뻔하였다 하니라(29~32절).

바울을 심문하는 자들이 바울에 대해 내린 결론은 무죄하다는 것이었습니다. 이런 바울의 무죄성은 그를 송사했던 유대인들이 아무 증인도 세우지 못했고, 그들의 고소를 입증할 만한 바울의 범죄 사실도 증명하지 못했던 데에서 잘 나타납니다.

마치는 말

바울의 말을 듣고 미쳤다고 배격하는 베스도의 모습은 현대인들이 자신의 지식이나 가치관으로 복음을 배격하는 것과 유사합니다. 또한 바울의 많은 학문은 하나님의 훈련에 학문적인 훈련도 포함되어 있음을 보여줍니다. 아그립바가 심문 중에 바울이 짧게 이야기한 것을 듣고 복음을 받아들이는 것을 부자연스럽게 생각한 것은 인간의 교만에 대해 경고해주는 것입니다. 반면에 무슨 수를 쓰든지 복음을 전하여 사람들이 예수님을 믿게 하려고 애쓰는 바울의 모습은 전도와 선교의 모범적인 자세를 보여주는 것입니다.

나의 삶에 적용

1) 29절 말씀을 다시 한 번 읽고 느낀 점을 말해보십시오.

2) 지옥에 보내서는 안 될 사람의 명단을 놓고 그의 구원을 위해서 바울과 같은 심정으로 간절히 기도하십시오.

제 42 과

풍랑에서 구원을 받음

■ 찬　　송 : 502, 489장
■ 성경본문 : 행 27:1~44

오늘의 말씀 〈행 27:13~16〉

13남풍이 순하게 불매 저희가 득의한 줄 알고 닻을 감아 그레데
해변을 가까이 하고 행선하더니 14얼마 못 되어 섬 가운데로서
유라굴로라는 광풍이 대작하니 15배가 밀려 바람을 맞추어 갈
수 없어 가는 대로 두고 쫓겨가다가 16가우다라는 작은 섬 아래
로 지나 간신히 거루를 잡아

아그립바 모두, 바울이 죄가 없다고 생각했지만 바울은 이미 로마 황제에게 상소했기 때문에 로마로 호송됩니다. 2년이 넘도록 기다리던 바울과 그의 일행은 드디어 로마로 향하는 배를 타게 되었습니다. 바울을 태운 배는 며칠 동안 여러 곳을 거쳐서 미항이라는 곳에 도착했습니다.

그 때는 이미 금식절기가 지난 후였는데, 금식절기는 유대인의 달력으로 7월 10일인데 지금의 달력으로는 9~10월입니다. 바울이 로마로 떠나던 주후 57년의 대속제일은 양력으로 10월 5일입니다. 이미 가을 폭풍이 다가온 시기였기 때문에 금식절기가 지난 후의 항해는 위험합니다.

1. 바울의 항해 (27:1~8)

바울과 그 일행들과 죄수들을 지킨 사람은 아구사도대의 백부장 율리오였습니다. 로마로 가기 위해 그들이 탄 배가 다닌 지역은 어디였습니까?

> 우리의 배 타고 이달리야로 갈 일이 작정되매 바울과 다른 죄수 몇 사람을 아구사도대의 백부장 율리오란 사람에게 맡기니 아시아 해변 각처로 가려 하는 아드라뭇데노 배에 우리가 올라 행선할새 마게도냐의 데살로니가 사람 아리스다고도 함께 하니라 이튿날 시돈에 대니 율리오가 바울을 친절히 하여 친구들에게 가서 대접 받음을 허락하더니 또 거기서 우리가 떠나가다가 바람의 거스림을 피하여 구브로 해안을 의지하고 행선하여 길리기아와 밤빌리아 바다를 건너 루기아의 무라성에 이르러 거기서 백부장이 이달리야로 가려하는 알렉산드리아 배를 만나

우리를 오르게 하니 배가 더디 가 여러 날만에 간신히 니도 맞은편에 이르러 풍세가 더 허락지 아니하므로 살모네 앞을 지나 그레데 해안을 의지하고 행선하여 간신히 그 연안을 지나 미항이라는 곳에 이르니 라새아성에서 가깝더라(1~8절).

바울과 동행한 인물로 마게도냐의 데살로니가 사람 아리스다고를 소개하고 있는데, 그는 이방인 바울의 동료로서, 바울이 그리스도를 전파했다는 이유로 아데미 여신의 신봉자들이 에베소에서 소동을 일으켰을 때 바울과 함께 체포된 적이 있었습니다(행 19:29). 마게도냐로부터 바울과 동행했던 그는 이번 바울의 로마행에도 의사인 누가와 함께 시중드는 자격으로 승선하였습니다(참고: 골 4:10; 몬 1:24).

2. 광풍 유라굴로 (27:9~26)

행선하기가 위험하다고 생각한 바울은 어떤 권면을 하였으며, 백부장은 바울의 충고를 어떻게 받아들였습니까?

여러 날이 걸려 금식하는 절기가 이미 지났으므로 행선하기가 위태한지라 바울이 저희를 권하여 말하되 여러분이여 내가 보니 이번 행선이 하물과 배만 아니라 우리 생명에도 타격과 많은 손해가 있으리라 하되 백부장이 선장과 선주의 말을 바울의 말보다 더 믿더라 … (9~12절).

백부장은 바울의 의견보다 선장과 선주의 말을 믿고 그 의견에 따라 뵈닉스로 항해할 것을 명령했습니다. 여기서 선장과 선주의 말이란 미항이 겨울을 나기에 불편하므로 미항에서 약 64km 떨어진 그레데 항구 뵈닉스로 가 거기서 겨울을 나자는 의견이었습니다. 그 결과 그들은 그곳에 닿기도 전에 유라굴로라는 광풍을 만나게 되었습니다.

바울의 권면을 무시하고 출항하여 순풍이 불어 배가 잘 가게 되자 배에 있던 사람들이 어떤 반응을 보였으며, 조금 후에 어떤 일이 일어났습니까?

> 남풍이 순하게 불매 저희가 득의한 줄 알고 닻을 감아 그레데 해변을 가까이 하고 행선하더니 얼마 못되어 섬 가운데로서 유라굴로라는 광풍이 대작하니 배가 밀려 바람을 맞추어 갈 수 없어 가는 대로 두고 쫓겨 가다가 가우다라는 작은 섬 아래로 지나 간신히 거루를 잡아 끌어 올리고 줄을 가지고 선체를 둘러 감고 스르디스에 걸릴까 두려워 연장을 내리고 그냥 쫓겨가더니 우리가 풍랑으로 심히 애쓰다가 이튿날 사공들이 짐을 바다에 풀어 버리고 사흘째 되는 날에 배의 기구를 저희 손으로 내어 버리니라 여러 날 동안 해와 별이 보이지 아니하고 큰 풍랑이 그대로 있으매 구원의 여망이 다 없어졌더라(13~20절).

득의한 줄 알고 행선하다가 유라굴로라는 광풍을 만나게 되자, 그들은 조금 전까지의 의기양양했던 모습은 어디론가 사라져 버리고 두려움과 굶주림에 시달리며 폭풍의 엄청난 위력 앞에 자포자기 할 수밖에 없었습니다. 여기서 우리들은 유한한 인생을 의지하지 말고 무한한 전능자 하나님을 전적으로 신뢰함이 마땅한 것임을 배울 수 있습니다.

분위기가 반전되자 바울은 어떤 말을 했습니까?

여러 사람이 오래 먹지 못하였으매 바울이 가운데 서서 말하되 여러분이여 내 말을 듣고 그레데에서 떠나지 아니하여 이 타격과 손상을 면하였더면 좋을 뻔 하였느니라 내가 너희를 권하노니 이제는 안심하라 너희 중 생명에는 아무 손상이 없겠고 오직 배 뿐이리라 나의 속한바 곧 나의 섬기는 하나님의 사자가 어제 밤에 내 곁에 서서 말하되 바울아 두려워 말라 네가 가이사 앞에 서야 하겠고 또 하나님께서 너와 함께 행선하는 자를 다 네게 주셨다 하였으니 그러므로 여러분이여 안심하라 나는 내게 말씀하신 그대로 되리라고 하나님을 믿노라6그러나 우리가 한 섬에 걸리리라 하더라(21~26절).

유라굴로라는 광풍이 불고 배가 좌초될 위험에 빠지게 되자 행선하지 말자고 했던 바울이 영웅이 되었습니다. 백부장이나 선장보다는 바울이 그 배를 지휘하게 되었습니다. 그의 말 한마디는 바로 하나님의 말씀처럼 되었습니다.

3. 난파 (27:27~44)

배가 조난을 당한 지 14일이 되는 날에 어떤 있이 생겼습니까?

열 나흘째 되는 날 밤에 우리가 아드리아 바다에 이리 저리 쫓겨 가더니 밤중쯤 되어 사공들이 어느 육지에 가까와지는 줄을 짐작하고 물을 재어보니 이십 길이 되고 조금 가다가 다시 재니 열다섯 길이라 암초에 걸릴까 하여 고물로 닻 넷을 주고 날이 새기를 고대하더니 사공들이 도망하고자 하여 이물에서 닻을 주려는체하고 거루를 바다에 내려놓거늘 바울이 백부장과 군사들에게 이르되 이 사람들이 배에 있지 아니하면 너희가 구원을 얻지 못하리라 하니 이에 군사들이 거룻줄을 끊어 떼어 버리니라(27~32절).

배가 육지에 가까워지자 사공들은 자기들만 살기 위해 도망하려고 했습니다. 그들은 바울이 한 말을 믿지 않았던 것이며, 하나님의 말씀을 우습게 여긴 것입니다. 우리들도 사공들처럼 죽는 길을 사는 길처럼 착각하고 덤비는 것은 아닌지 돌아보아야 합니다.

날이 새려고 할 때 바울은 배에 있는 사람들에게 어떤 격려를 합니까?

날이 새어가매 바울이 여러 사람을 음식 먹으라 권하여 가로되 너희가 기다리고 기다리며 먹지 못하고 주린 지가 오늘까지 열나흘인즉 음식 먹으라 권하노니 이것이 너희 구원을 위하는 것이요 너희중 머리터럭 하나라도 잃을 자가 없느니라 하고 떡을 가져다가 모든 사람 앞에서 하나님께 축사하고 떼어 먹기를 시작하매 저희도 다 안심하고 받아먹으니 배에 있는 우리의 수는 전부 이백 칠십 륙인이러라(33~37절).

배를 함께 탄 276명의 사람들을 주님은 사랑하고 계셨습니다. 바울을 통해 그들에게 복음을 전하게 하시려고 풍랑을 만나게 하신 것입니다. 성경에 기록이 되어있지는 않았지만 그들 중 많은 사람들이 주님을 믿고 구원을 받았을 것이고, 훗날에 로마에서 백부장 같은 사람들은 바울에게 큰 힘이 되었을 것입니다.

바울의 예언대로 어떤 일들이 진행되었습니까?

> 배부르게 먹고 밀을 바다에 버려 배를 가볍게 하였더니 날이 새매 어느 땅인지 알지 못하나 경사진 해안으로 된 항만이 눈에 띄거늘 배를 거기에 들여다 댈 수 있는가 의논한 후 닻을 끊어 바다에 버리는 동시에 킷줄을 늦추고 돛을 달고 바람을 맞추어 해안을 향하여 들어가다가 두 물이 합하여 흐르는 곳을 당하여 배를 걸매 이물은 부딪혀 움직일 수 없이 붙고 고물은 큰 물결에 깨어져가니 군사들은 죄수가 헤엄쳐서 도망할까 하여 저희를 죽이는 것이 좋다 하였으나 백부장이 바울을 구원하려 하여 저희의 뜻을 막고 헤엄칠 줄 아는 사람들을 명하여 물에 뛰어 내려 먼저 육지에 나가게 하고 그 남은 사람들은 널조각 혹은 배 물건에 의지하여 나가게 하니 마침내 사람들이 다 상륙하여 구원을 얻으니라(38~44절).

마치는 말

바울은 수많은 어려움을 겪었지만 하나님의 은혜 속에 그 어려움을 극복하고 하나님의 사역을 감당했습니다. 바울은 비록 죄수의 몸으로 로마를 향해 가지만 하나님의 종으로서 동행하는 사람들에게 구원자 역할을 했습니다. 사람들이 탐욕으로 올바른 판단을 하지 못할 때 바른 판단을 통해 경고하기도 하고, 어려움 속에서 좌절할 때 하나님으로부터 말씀을 받아 그들을 격려하기도 합니다. 영적으로만 아니라 세상의 삶 속에서도 그들을 돌보고 구원하는 역할을 한 것입니다. 이것은 결국 그들에게 복음이 전파되는 데도 큰 유익을 주었음에 틀림이 없습니다.

나의 삶에 적용

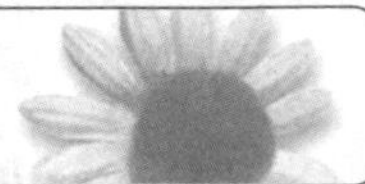

1) 당신은 위험한 일을 당했을 때 어떻게 대응하였습니까?

2) 당신이 만일 백부장의 처지라면 바울과 선장 중 누구의 말을 들었겠습니까?

제 43 과

멜리데 섬과 로마에서의 선교

■ 찬　송 : 355, 350장
■ 성경본문 : 행 28:1~31

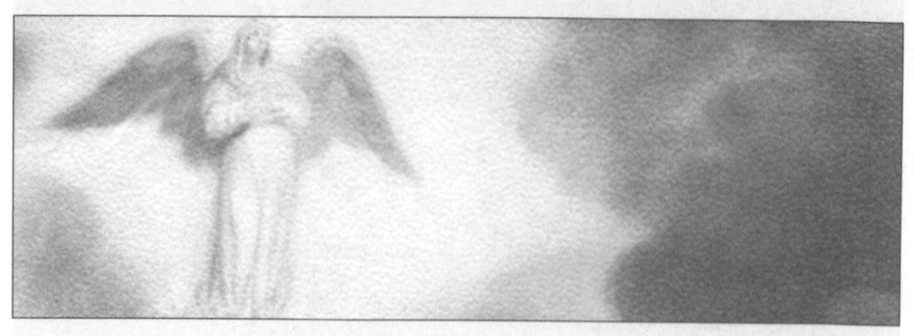

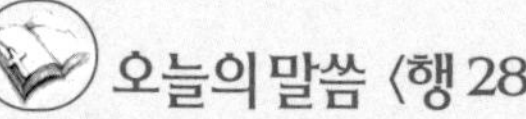

오늘의말씀 〈행 28:28, 30~31〉

28그런즉 하나님의 이 구원을 이방인에게로 보내신 줄 알라 저
희는 또한 들으리라 하더라. 30바울이 온 이태를 자기 셋집에 유
하며 자기에게 오는 사람을 다 영접하고 31담대히 하나님 나라
를 전파하며 주 예수 그리스도께 관한 것을 가르치되 금하는
사람이 없었더라.

바울과 함께 배에 탔던 사람들이 풍랑으로부터 구원받아 상륙한 섬은 멜리데라는 섬이었습니다. 풍랑에서 배는 파선되고 사람만 겨우 살아 나온 것을 본 원주민들은 그들에게 특별한 동정을 베풀었습니다. 그때는 가을인데다 비가 와서 날이 차가웠기 때문에 원주민들이 불을 피워 바울 일행을 영접해주었습니다. 불 피우는 일을 돕기 위해 바울이 나무를 한 단 거두어 불에 넣는데 그 열기 때문에 나뭇가지 속에서 독사가 나와 바울의 손을 물었습니다. 원주민들은 바울이 독사에 물리는 것을 보고 그는 진짜 살인자라고 말합니다.

1. 멜리데 섬에서 (28:1~10)

멜리데 섬에 도착한 바울이 모닥불을 쬐다가 어떤 일을 당했습니까?

> 바울이 한 뭇나무를 거두어 불에 넣으니 뜨거움을 인하여 독사가 나와 그 손을 물고 있는지라 토인들이 이 짐승이 그 손에 달림을 보고 서로 말하되 진실로 이 사람은 살인한 자로다 바다에서는 구원을 얻었으나 공의가 살지 못하게 하심이로다 하더니 바울이 그 짐승을 불에 떨어버리매 조금도 상함이 없더라 그가 붓든지 혹 갑자기 엎드러져 죽을 줄로 저희가 기다렸더니 오래 기다려도 그에게 아무 이상이 없음을 보고 돌려 생각하여 말하되 신이라 하더라(2~6절).

… 멜리데 섬은 길이가 약 29km, 넓이가 약 13km 정도 되는 섬으로 시실리 남쪽 약 93km 지점에 위치하고 있습니다.

보블리오 집에서 바울이 무슨 일을 하였습니까?

> 이 섬에 제일 높은 사람 보블리오라 하는 이가 그 근처에 토지가 있는지라 그가 우리를 영접하여 사흘이나 친절히 유숙하게 하더니 보블리오의 부친이 열병과 이질에 걸려 누웠거늘 바울이 들어가서 기도하고 그에게 안수하여 낫게 하매 이러므로 섬 가운데 다른 병든 사람들이 와서 고침을 받고 후한 예로 우리를 대접하고 떠날 때에 우리 쓸 것을 배에 올리더라(7~10절).

여기에서 "예"는 '가격' '사례금' '보상금' '존경' '공경' 이라는 뜻을 지닌 단어입니다. 그러므로 "후한 예로 대접"했다는 말은 그들의 병을 고쳐 준 바울과 그 일행에게 그들의 정성이 담긴 답례, 즉 심심한 감사를 표했다는 뜻입니다.

2. 마침내 로마에 도착 (28:11~31)

석 달 후 봄이 돌아오자 바울은 드디어 로마를 향해 길을 떠났습니다. 로마로 가는 도중에 바울이 어떻게 담대한 마음을 가지게 되었습니까?

> 석 달 후에 그 섬에서 과동한 알렉산드리아 배를 우리가 타고 떠나니 그 배 기호는 디오스구로라 수라구사에 대고 사흘을 있

다가 거기서 둘러가서 레기온에 이르러 하루를 지난 후 남풍이 일어나므로 이튿날 보디올에 이르러 거기서 형제를 만나 저희의 청함을 받아 이레를 함께 유하다가 로마로 가니라 거기 형제들이 우리 소식을 듣고 압비오 저자와 삼관까지 맞으러 오니 바울이 저희를 보고 하나님께 사례하고 담대한 마음을 얻으니라(11~15절).

… 압비오 저자는 로마에서 69km 떨어진 압비오 광장을 가리킵니다. 삼관은 압비오와 로마의 중간지점에 위치한 휴게소(세 여관이란 뜻의 그 길가의 쉬는 곳)였습니다.

로마에 있던 그리스도인들은 온갖 시련을 견디며 죄수의 몸으로 쇠사슬을 차고 로마로 오고 있는 바울을 영접하고 격려하기 위해 이곳까지 달려왔던 것입니다.

로마 감옥에서 바울이 특혜를 받은 것처럼 보이는데 어떤 것이었습니까?

우리가 로마에 들어가니 바울은 자기를 지키는 한 군사와 함께 따로 있게 허락하더라(16절).
바울이 온 이태를 자기 셋집에 유하며 자기에게 오는 사람을 다 영접하고(30절).

로마에 도착한 바울이 맨 처음 한 일은 무엇입니까?

사흘 후에 바울이 유대인 중 높은 사람들을 청하여 모인 후에 이르되 여러분 형제들아 내가 이스라엘 백성이나 우리 조상의 규모를 배척한 일이 없는데 예루살렘에서 로마인의 손에 죄수로 내어준 바 되었으니(17절).

여기에서 "유대인 중 높은 사람"이란 로마에 있는 회당과 유대인 공동체의 지도자들을 가리킵니다. 이들을 초청한 이유는 자신을 변증하기 위함이었습니다.

바울은 그 자리에서 죄수의 몸으로 로마까지 오게 된 배경 설명의 내용은 무엇입니까?

로마인은 나를 심문하여 죽일 죄목이 없으므로 놓으려 하였으나 유대인들이 반대하기로 내가 마지못하여 가이사에게 호소함이요 내 민족을 송사하려는 것이 아니로라 이러하므로 너희를 보고 함께 이야기하려고 청하였노니 이스라엘의 소망을 인하여 내가 이 쇠사슬에 매인바 되었노라(18~20절).

바울의 전도방법은 어떠했으며, 전도를 받은 사람들의 반응과 바울의 대답은 어떠했습니까?

저희가 일자를 정하고 그의 우거하는 집에 많이 오니 바울이 아침부터 저녁까지 강론하여 하나님 나라를 증거하고 모세의 율법과 선지자의 말을 가지고 예수의 일로 권하더라 그 말을 믿는 사람도 있고 믿지 아니하는 사람도 있어 서로 맞지 아니하여 흩어질 때에 바울이 한 말로 일러 가로되 성령이 선지자 이사야로 너희 조상들에게 말씀하신 것이 옳도다 일렀으되 이 백성에게 가서 말하기를 너희가 듣기는 들어도 도무지 깨닫지 못하며 보기는 보아도 도무지 알지 못하는도다 이 백성들의 마음이 완악하여져서 그 귀로는 둔하게 듣고 그 눈을 감았으니 이는 눈으로 보고 귀로 듣고 마음으로 깨달아 돌아와 나의 고침을 받을까 함이라 하였으니 그런즉 하나님의 이 구원을 이방인에게로 보내신 줄 알라 저희는 또한 들으리라 하더라(23~28절).

유대지도자들 중에 많은 사람들이 복음을 받아들이지 않았습니다. 위대한 선교자의 설교를 장시간 진지하게 듣고도 복음을 믿지 못하는 모습은 전도할 때 인간의 능력이나 여건은 보잘것없고 하나님의 역사가 얼마나 중요한지 알게 합니다.

감옥에 있던 2년 반 동안 바울이 전념한 일은 무엇입니까?

바울이 온 이태를 자기 셋집에 유하며 자기에게 오는 사람을 다 영접하고 담대히 하나님 나라를 전파하며 주 예수 그리스도께 관한 것을 가르치되 금하는 사람이 없었더라(30~31절).

마치는 말

유대인들이 복음을 받아들이지 않으므로 복음은 이제 이방인에게로 갑니다. 하나님의 섭리 속에 이런 과정을 거쳐 복음은 결국 유대인을 포함한 모든 인류에게 전파될 것입니다. 사도행전은 계속하여 복음이 전파되는 미완성의 책입니다. 복음전파는 아직 끝나지 않았기 때문입니다. 이 마지막 장면은 우리에게 복음 전파의 사명과 복음전파를 도우시는 하나님의 역사를 보여줍니다.

지금도 수많은 복음의 증인들을 통해 사도행전은 계속되고 있습니다. 성경에 기록되지 않은 사도행전 29장, 30장, 31장… . 1,000장… 10,000장… 기독교 2,000년은 사도행전의 연속입니다.

나의 삶에 적용

1) 마지막 31절을 읽고 깨닫거나 도전을 받은 점이 있으면 서로 나누어보십시오.

2) 당신은 사도행전을 계속 기록하는 일에 어떻게 동참하고 있습니까?